U0528371

习惯致富

Thomas C.Corley
［美］托马斯·科里◎著

许翱◎译

湖南科学技术出版社
·长沙·

只 为 优 质 阅 读

好读
Goodreads

关于托马斯·科里

　　托马斯·科里是国际上在习惯的培养及财富的创造领域备受认可的一位权威人物。

　　他做过的主题演讲振奋人心，内容涵盖各种白手起家的百万富翁——储蓄投资家、企业高管、行业专家及企业家等——的优秀习惯，以及在金钱问题上步履维艰的人们身上所体现的极其有害的习惯。

　　为了弄明白富人做对了什么，穷人做错了什么，托马斯花了五年时间向共计361名的富人和穷人各问了144个问题。

　　托马斯也是顶级杂志《成功》（SUCCESS）的演讲委员会成员，曾与马克·维克特·汉森、理查德·布兰森、罗宾·沙玛、丹尼尔·艾曼博士以及其他很多世界知名演说家同台发表过演讲。

　　托马斯还是一位畅销书作家、获奖作家，他的著作包括《从小培养致富习惯》（Rich Habits, Rich Kids）、《富有的习惯》（Change Your

Habits, Change Your Life)、《习惯致富》(Rich Habits Poor Habits)以及《习惯致富 人生实践版》(Effort-Less Wealth-Smart Money Habits at Every Stage of Your Life)。

托马斯还做客于 CBS（哥伦比亚广播公司）晚间新闻、戴夫·拉姆齐广播节目（Dave Ramsey Radio Show），出现在 CNN、MSN 财经、今日美国、《赫芬顿邮报》(The Huffington Post)、《成功》杂志、《财经》杂志（Money）以及美国和其他 27 个国家或地区的许多其他媒体中。托马斯经常为 Business Insider[1]、CNBC（美国消费者新闻与商业频道）和《成功》杂志撰稿。

他还是一位注册会计师、注册金融理财师，拥有税务硕士学位，还是专门帮助患有小儿癌症家庭的非营利组织 Ashley Lauren 基金会的主席，也是 Cerefice & Company，CPAs 这一公司的首席执行官。托马斯是一位备受追捧的演说家，他曾在世界各地发表演讲，分享他在财富习惯方面的独特研究。

---

1 美国知名的科技和创业相关的博客媒体。——译者注

前言

财富不仅仅跟钱有关。我在富有的习惯研究中发现,财富分为七种。

1. 金钱财富:拥有比让自己过上想要的生活所需要的更多的钱。

2. 健康财富:精瘦结实、健康,而且体脂匀称,没有任何慢性疾病。

3. 人际关系财富:身边环绕着一群积极进取、乐观向上、幸福快乐的人,他们喜欢你,在乎你,鼓励你,支持你做的每一件事。

4. 时间财富:拥有足够多可自由支配的非工作时间与家人朋友相处,或做你想做的事。

5. 知识财富:拥有能够用于为自己及家人提供收入或造福他人的知识。

6. 才华财富:拥有能够用于为自己及家人提供收入或造福他人的

才华。

7.内心宁静的财富：很少甚至没有压力。感到放松、宁静。

如你所见，你能变得富有的领域有很多。尽管本书将专注于打造金钱财富，但我们也会跟你分享在你的这一生中，如何创造其他类型的财富。

为什么？

因为这七类财富紧密相关，彼此互为增长。

比如：健康财富。当你身体健康时，你在金钱上取得成功的概率就会提高——你会有更充沛的精力，更少请病假，这会带来更高的工作效率。有氧运动也有助于提高你的智力水平。最后，好身体会延长寿命，这意味着如果你愿意，你可以一直工作到70多岁。在我的富人习惯的研究中，很多白手起家的百万富翁都工作到70多岁，他们告诉我，他们在70多岁赚的钱是在整个工作生涯中赚到的最多的钱，这也帮助他们增加了所累积的财富。

比如：时间财富。金钱就等于自由。当你累积起足够的财富时，你可以选择少工作，多花时间在家人身上，或者可以早早退休，跟生命中的另一半去旅行。

比如：内心宁静的财富。这种财富减少了你需要操心的事情的数量。你可以解决很多出错的事情而又不用担心筹不到钱。如果发生意外，你请得起最好的医护人员治疗。你能够搬到一个气候更宜人的地方，来避开寒冬或者暴风雪天气。

CONTENTS
目 录

第一章 关于习惯的基本常识 / 001

第 1 节 为什么习惯很重要 / 002

第 2 节 习惯的不同类型 / 008

第 3 节 习惯从何而来 / 024

第 4 节 大脑科学与习惯 / 029

第 5 节 如何改变习惯 / 038

第二章 富有习惯的具体研究 / 053

第 6 节 富有的习惯研究总结 / 054

第 7 节 关于财富的八个误区 / 067

第 8 节 富人富有只是因为幸运吗? / 074

第 9 节 富有的习惯 / 076

第三章　财富创造的概念与原则　/ 163

第 10 节　致富的四大途径——概要　/ 164

第 11 节　梦想设定　/ 167

第 12 节　多线创收　/ 173

第 13 节　追逐梦想及目标迫使你养成好习惯　/ 177

第 14 节　从众学说　/ 180

第 15 节　为你的未来生活建立清晰的愿景　/ 183

第 16 节　好债务与坏债务　/ 185

第 17 节　如何找到你的内在才华　/ 188

第 18 节　目标设定　/ 191

第 19 节　意志力与激情力　/ 198

第 20 节　了解直觉　/ 200

第 21 节　好决策与坏决策　/ 202

第 22 节　富于建设性的人际关系与富于破坏性的人际关系　/ 205

第 23 节　富人如何与具有影响力的人建立强大关系　/ 212

第四章　致富的四大途径　/ 217

第 24 节　引言　/ 218

第 25 节　途径一　储蓄者 - 投资者之路　/ 219

第 26 节　途径二　大企业晋升之路　/ 224

第 27 节　途径三　专业大师之路　/ 231

第 28 节　途径四　梦想家 - 企业家之路　/ 237

第五章 聪明的理财习惯 / 243

第 29 节　引言　/ 244

第 30 节　聪明的储蓄或投资习惯　/ 247

第 31 节　聪明的消费习惯　/ 249

第 32 节　不良消费习惯　/ 253

第六章 富有的思维 / 257

第 33 节　富人如何思考　/ 258

第 34 节　穷人如何思考　/ 273

第七章 顶级领导者特质 / 279

第 35 节　引言　/ 280

第 36 节　顶级领导者的 19 个共同特质　/ 281

第一章

关于习惯的基本常识

第 1 节

为什么习惯很重要

你的习惯决定了：

- 你活多久
- 你赚多少
- 你怎么赚钱
- 你累积多少财富
- 工作表现以及是否有安全感
- 你有多少债务
- 你住什么类型的房子和小区
- 你跟什么人往来
- 你把孩子送去什么样的学校
- 你有多少个要解决的难题
- 你传给子女的基因
- 早上你几点醒来

- 晚上你几点上床睡觉
- 你说话和倾听的方式
- 你对他人如何做出反应
- 你玩什么运动
- 你怎么打发闲暇时间
- 你如何解决问题
- 你如何做决定

简而言之，你的习惯很重要，因为它们是创造你自己以及你的子孙后代生活环境的基石。

○ 习惯存在的目的

我们为什么会有习惯？

习惯的存在是有目的的。这个目的是节省大脑所消耗的燃料，使大脑更有效率。葡萄糖是人体每个细胞（包括脑细胞）燃料供应的主要来源。我们消耗的所有食物最终都会转化为葡萄糖，或作为糖原储存在我们的脂肪或肌肉中以备后用。在没有葡萄糖的情况下，糖原会转化为酮，酮是在没有葡萄糖时取代葡萄糖的一种供应燃料的替代来源。葡萄糖穿过每个细胞的细胞膜，一旦进入细胞内，就会被驻留在每个细胞内的燃料工厂（称为线粒体）转化为ATP（三磷酸腺苷）。线粒体利用氧气完成这种转化过程。这种ATP燃料为身体中的每个细胞提供动力，包括脑细胞。

大脑是能耗大户。每天，我们那小小的3.5磅[1]的大脑会消耗整个身体所供应的葡萄糖和氧气总量的20%—25%。与能够将葡萄糖储存在脂肪和肌肉中的其他身体部位不同，大脑不能储存葡萄糖。大脑在有需要时没有现成可用的燃料供应。正因为如此，葡萄糖被视为大脑的一种宝贵物质。而习惯会减少大脑对这一宝贵的脑燃料的消耗。

相反，有意识的思考仅次于体力活动，是消耗人体燃料第二多的活动。为此，大脑创造了习惯。习惯是无意识的活动，可以减少消耗大脑需要的燃料，以便其以最佳的状态运转。

○ 习惯是什么

习惯是无意识的身体、思维、情绪和决策活动，你在有生之年要么继承它，要么塑造它。你社交网络中的那些人会通过习惯来感染你：家庭成员、朋友、导师、同学、同事或任何有能力影响你的人。大多数人投票给民主党或共和党，是因为他们的父母这样做。有些人养成了勤奋的职业道德，要么是从父母那里习得，要么是在为自己所崇拜并渴望成为的那个人工作时习得。我自己终身阅读的习惯就是从一位我所敬佩的高中同学那里学来的。

你会通过自己的自由意志养成其他一些习惯。你自己养成的习惯是由你的价值观、梦想和目标推动的。价值观其实就是你生活中优先考虑的问题——你最看重的人或事。如果获得很多钱是重中之重，你

---

[1] 1磅约为453.6克。——编者注

会养成助你赚更多钱的习惯；如果做一名好父母是重中之重，你就会养成助你成为一名好父母的习惯；如果派对是优先考虑的事，你会培养能让派对更精彩纷呈的习惯。你的价值观驱动着你在生活中选择养成哪些习惯。从某种意义上说，你的习惯就是你行动中的价值观。

梦想是你生活中渴望的东西。梦想迫使你制订目标，以便将这些梦想变为现实。目标的制订迫使你采取行动。因为目标的实现需要时间，所以为了实现某一目标，你所做的事往往会变成日常活动，或者说日常目标习惯。

○ 习惯如何运作

能让人们开始形成一种习惯的东西被称为触发器。这是你的某一感官在环境中注意到的东西。大部分习惯的形成有六个主要的触发器。

1. 视觉触发器：视觉触发器就像外部霓虹色的广告牌，尖叫着喊你养成一种习惯。麦当劳的拱门就是一个强大的视觉触发器例子。啤酒广告是另一个例子。美女吃多力多滋也是。

2. 听觉（听力）触发器：听到某些声音可以促成习惯的养成。设定的闹钟响铃，就是唤醒你并让你开始新的一天的触发器；听到电子邮件提醒，是让你检查邮箱的触发器；当听到宝宝的哭声时，你就知道该换尿布或者喂奶了。

3. 时间触发器：我们一天中早上、下午和晚上都有习惯去做的事。早上醒来是一个开启各种习惯性事务的触发器：刷牙、锻炼、喝咖啡、冲澡、阅读、冥想、上厕所等；下午的触发器开启你下午的习惯事件：

吃午饭、聊八卦、阅读、上网、打私人电话、社交、与他人会面等；夜晚促使你进入夜间习惯：吃晚餐、喝杯酒、看电视、阅读、打私人电话、锻炼、玩业余爱好或进行室外活动、从事园艺、去酒吧等。

4. 压力触发器：压力会迫使你养成某种习惯。压力让大脑不堪重负的时候，会迫使它消耗过多的燃料来应对压力。因此，为了解决这个问题，基底神经节开始行动，促使你养成某种习惯以节省大脑所需的燃料。

5. 熟人触发器：你经常与之往来的人也是习惯触发器。某个朋友可能是去酒吧的习惯触发器，另一个朋友是锻炼的习惯触发器，另一个是赌博的习惯触发器，还有些朋友是打高尔夫球、钓鱼、打网球等的习惯触发器。这也是你应当避开有坏习惯的人的原因。他们的坏习惯会影响你，而且不论何时，只要你在他们身边，他们就可能成为你养成这些坏习惯的触发器。

6. 信念和情绪：我们的信念和情绪会触发某些习惯。消极的信念和情绪会触发坏习惯，而积极的信念和情绪会触发好习惯。如果你想摆脱由信念或情绪形成的坏习惯，你需要消除这个坏习惯背后的消极信念。要做到这一点，你必须在触发消极信念的负面情绪产生时就意识到它，并将你的信念体系从消极重置为积极。随着时间的推移，所有相关的坏习惯都会慢慢消失，而你也不需要花费很大的努力。

视觉触发器运作方式举例：

·当你看到一个麦当劳门店时，这些拱门的图像会穿过你的视神经抵达 RAS（Recticular Activating System，网状激活系统），然后通知脑岛（RAS 连接脑干和脑岛）。

- 如果脑岛认为这些拱门图像是一个触发器，它会将这些图像发送到前额叶皮层。
- 前额叶皮层会分析评估拱门触发器。
- 如果你没有在减肥，前额叶皮层会向大脑的冲动管控部门 NA（伏隔核）发出"开始行动"的信号。
- 如果 NA 从前额叶皮层收到"开始行动"的信号，NA 会向基底神经节发出建立这 习惯的信号。
- 然后，基底神经节会向大脑新皮层（大脑外层）中掌管吃麦当劳的习惯所在的神经元组发送信号，指示这些神经元开始形成这一习惯。
- 这组神经元瞬间活跃，并向小脑发送要身体进行某种行动的信息，让你转动汽车方向盘，开进麦当劳停车场，这样你就可以吃汉堡和炸薯条了。
- 在你吃完汉堡和炸薯条（奖励）时，NA 会向基底神经节发出信号：该停止这一习惯了。基底神经节会通知掌管这一习惯的神经元回到休息状态。

要了解是什么触发了你的习惯，需要你意识到你所持有的习惯以及启用这些习惯的触发因素。自我意识是关键。没有自我意识，就不可能改变习惯。

第 2 节

习惯的不同类型

习惯分为两类：

1. 普通习惯

2. 关键习惯

普通习惯是简单、基础、独立的习惯：你早上醒来的时间、上班的路线、握叉子的方式等等。关键习惯更特别。它们独一无二，会影响其他普通习惯。关键习惯就像吃豆人一样，它们四处寻找其他普通习惯并强烈影响它们。关键习惯的养成是彻底改变习惯的核心所在。

举一个例子：

今天是元旦，你的一个新年愿望是减肥。你大概超重 50 磅。一个经常跑步的好朋友说，减肥最快的方法就是跑步。于是，你决定开始跑步（关键习惯）。你讨厌跑步，但跑了一段时间之后，你体重下降了 15 磅。一天晚上，你参加了一个社交活动，你认识的一个人对你成功减肥赞誉有加,并告知你你看上去太棒了。那天晚上回到家你觉得特别开心,轻盈得就像飘浮在空中一样。这种赞美激发了你内心的一些情绪,让你大为振奋。第二天早上,你决定减少摄入垃圾食品(普通习惯),不再暴饮暴食(普通习惯)。你决定再多跑一段路以减掉更多的体重,然后你又减少了吸烟(普通习惯)的次数。只靠培养一种关键习惯——跑步——就会产生多米诺骨牌效应,带来消除三个普通习惯的效果:过多摄入垃圾食品、暴饮暴食和吸烟。这就是关键习惯如此独特而强大的原因。

○ 习惯的不同类型

每个习惯都会产生一种结果。有些习惯会带来快乐、悲伤、财富、穷困,让我们健康、生病,延长或缩短我们的寿命;还有一些习惯会改变我们的智商,并影响人际关系、工作表现、运动技能、情绪或者我们的整个生活环境。

在这一节,我将谈一些主要的习惯类别。

▷ 1. 幸福的习惯

当你感受到幸福的时候,你就会知道它是怎样的。根据定义,幸福是持续没有负面情绪、持续存在积极情绪的一种状态。神经递质是一个或多个神经元(脑细胞)与其他神经元交流时释放的化学物质。多巴胺、催产素和血清素是三种能够催生我们称之为幸福的感觉的神经递质。它们只是大脑产生的六十种神经递质中的三种。

多巴胺是一种特别强大的幸福感神经递质。当神经元释放多巴胺时，我们变得兴奋、热情、积极乐观。我们期待生命，想要生活。

然而，当我们的多巴胺水平低于我们的自然基线时，我们就会产生一种被称为悲伤的感觉。如果多巴胺水平连续几天低于我们的自然基线，就可能导致抑郁。

抑郁症对你的健康具有毁灭性影响，会导致精力下降，从而削弱效率和创造力。当我们抑郁时，我们会退缩、逃避生活。我们变得无精打采，对生活失去了所有兴趣。几乎所有活动都会中止。我们将自己与他人隔离开来。平均每八个人中就有一个人被抑郁症困扰过。这是一种广泛存在的、常见的精神折磨，每年影响高达数亿人。

因此，在身体或思维上进行能够维持或促进幸福神经递质释放的习惯活动至关重要。

有助于带来幸福感的身体和思维活动有：

·每天锻炼——锻炼会启动体内多米诺骨牌式的化学反应，提高多巴胺水平，从而使人在运动期间以及运动后产生愉悦感。

·每天学习——大脑喜欢新奇事物。我们之所以会探索和发明创造，是因为我们拥有与生俱来的好奇心。当大脑被用于学习新事物时，它自己也会很喜欢。当你学到新东西时，你的大脑会释放 BDNF——这是一种神经营养因子，就像脑细胞的美乐棵[1]——以及神经递质多巴胺和血清素。这些化学物质是大脑为了奖励帮其生长脑细胞而释放。每天阅读学习是你可以做的能带来最强烈的幸福感的事之一。

·发展具有建设性的关系——人际互动对幸福至关重要。更重要的

---

1 美乐棵，英文 Miracle-Gro，美国的一个家庭园艺植物养护品牌。——译者注

是，有友人相伴，让自己身边围绕着其他积极乐观的人会提升多巴胺和催产素的水平。独处或与消极的人交往会减少多巴胺和催产素的生产量。更糟糕的是，这些"有毒"的消极关系会导致压力，从而抑制免疫系统。免疫系统被压抑会降低我们对感冒等感染性疾病的抵抗力，导致斑块在动脉中积聚，进而产生心脏病。这种消极、"有毒"、带来压力的关系还会开启能够导致癌症的各种基因。养成与其他快乐、健康、乐观、积极的人交往的习惯会让你快乐、健康、乐观和积极。由于习惯在你的社交网络中会像病毒一样传播，因此你会想尽可能与积极的人接触，减少与"有毒"的人接触。

·练习积极心态　　许多研究表明，养成进取、积极和乐观的习惯实际上可以促进幸福神经递质的产生。此外，那些能够保持积极精神面貌的人在学业、体育运动以及商界或职场上更成功。如何养成积极向上的习惯？以冥想开始新的一天。冥想可以减轻压力，修复压力造成的生理损伤。当你冥想时，你的大脑会释放有益健康的神经化学物质，如血清素、多巴胺和内啡肽。这些化学物质会引发积极的情绪，使人产生欣喜和快乐的感觉。冥想时血压会下降，副交感神经系统也会重启，使消化能力回到正常状态。每天冥想五到二十分钟就足够了。那么如何进行冥想呢？冥想有很多不同的方式，但越简单总是越好。闭上眼睛，数到一百。看到每个数字。让所有的想法像铁轨上的火车一样从头脑里经过。数完之后，想象你理想中完美的生活。看到自己过着这种完美的生活，有完美的家庭，完美的朋友，完美的工作和完美的房子。看到你所有的经济压力消失。看到你所有的目标和梦想逐一实现。再从十倒数到一，然后睁开眼睛。如果你能每天做两次这种短暂的冥想，一次在醒来的时候，一次在睡觉前，效果会最好。晨间冥想让你为一天做好准备，睡前冥想帮你消除白天压力带来的影响，重置你的副交感神经系统。一整天的由压力产生的所有负面生理影响都会被睡前冥想所抵消。其他积极习惯包括：阅读让人备受启发的书籍，聆听鼓舞人心或让人为之振奋的音乐，读一些积极正面、自我肯定的话语，查看你的"梦想愿望清单"或读一读描述你未来理想生活的文字。这些日常活动都会让你的大脑为积极心态做好准备，大大强化你的幸福神经递质。

▷ 2. 金钱习惯

那些将储蓄者－投资者的富有习惯纳入其财富创造过程中的有钱人能够将储蓄和投资过程变成自动的。这些人通常债务很少，花钱节俭，过着适度的生活，这让他们能够存钱储蓄。

经济困顿的人有某些妨碍他们存钱的不良理财习惯，这意味着他们无法去投资。这些人积累了大量债务，并且有些糟糕的消费习惯让他们存不下来钱。

考虑到这个话题范围很广，我会在聪明的储蓄或投资习惯模块中更详细地介绍这一点。

▷ 3. 健康习惯

保持健康对于过上长寿、精力充沛和富于成就的生活至关重要。以下是能够帮你实现这一目标的健康好习惯清单：

·每天锻炼——运动会触发身体释放被称为内啡肽的激素，以及两种强大的神经递质——多巴胺和血清素。这些化学物质协同合作，将你的情绪从消极变为积极。如果你每天锻炼，抑郁症就更难生根发芽。

日常锻炼也可以减轻压力。跑步（包括慢跑）、散步、骑自行车或动感单车、举重等都会让你健康、快乐、精力充沛，还可以减少压力带来的影响。当你感到压力时，体内会产生生理上的多米诺骨牌效应。下丘脑会增加释放肾上腺素和去甲肾上腺素。这些激素使心跳加快，让身体为或战或逃做好准备。如果压力持续存在，十号染色体上的一个被称为CYP17的基因就会被启动。没错，你的基因可以被打开和关闭。该基因开始将胆固醇转化为皮质醇。遗憾的是，皮质醇的副作用之一是它会通过减少淋巴细胞（白细胞）的产生来抑制免疫系统。当基因CYP17被打开时，它会启动另一个被称为TCF的基因，这一基因会抑制一种被称为白细胞介素2的蛋白质的产生。白细胞介素2存在的目的是使白细胞处于高度戒备状态。白细胞是帮你抵御病毒、细菌和任何感染身体的寄生虫的主要守护者。因此，长期或慢性压力会让你更容易生病。每天锻炼会阻止这种皮质醇转化过程，从而防止产生慢性压力。

· 健康饮食——养成每天吃更多富于营养的食品、减少垃圾食品和酒精摄入的习惯，改善健康状况，为身体提供足够的蛋白质，维持好胆固醇和坏胆固醇的平衡，降低血糖水平，防止肥胖。某些补充剂，如维生素D_3可以改善你的免疫系统。维生素D_3实际上根本不是维生素，而是一种类固醇。姜黄在各种研究中已被证明可以预防癌症。维生素E和C是自由基海绵，当线粒体将葡萄糖转化为ATP时，它们可以帮你的细胞清除在每个细胞内积累的有毒自由基。如果不加以控制，自由基在与存在于每个细胞核内的DNA（脱氧核糖核酸）碰撞时会破坏细胞壁或导致产生基因突变。如果DNA没有被细胞修复，基因突变会导致癌症。正确饮食并将我们消耗的卡路里数量减少到每天2000千卡[1]（男性）或 1700 千卡（女性）以内，有助于通过减少脂肪堆积来保持健康。你进食太多时，身体就将多余的葡萄糖以糖原的形式储存在脂肪细胞内，脂肪就产生了。问题在于，除了糖原之外，在身体无法通过大便和尿液排出所有毒素时，脂肪细胞还会储存毒素。所以，你的脂肪越多，你体内的毒素也就越多。更少的脂肪就意味着更少的毒素。如果你不确定自己是否吃得太多，有一种方法就是跟踪记录你每天吃了什么，持续记录 30 天。你所记录的这 30 天摄入的食物类型和卡路里数量会让你大开眼界。你认为你吃了多少与你实际吃了多少大不一样。我创建了一个"富有的习惯跟踪时间表"，它不仅可以帮你跟踪每天吃了多少，还可以帮你跟踪每天进行了多少锻炼。

富有的习惯跟踪时间表

起始体重										
目标体重		每天卡路里目标								
最终体重										
工作日	日期	体重	有氧锻炼时间	体重	散步-骑车-其他	早餐	午餐	晚餐	总计	累积卡路里	平均卡路里

跟踪记录会帮你了解你每天摄入多少垃圾食品和卡路里。理想情况下，你会想将垃圾食品的卡路里控制在每天 300 千卡以下。你会想

---

[1] 1 千卡约为 4.19 千焦。——编者注

养成多吃鱼、蔬菜、沙拉和健康肉类（如鸡肉和火鸡肉）的习惯。避免吃不健康的肉类，如牛肉、火腿、培根和香肠。不健康的肉类含热量很高，会损害你的心血管系统，增加坏胆固醇，增加脂肪的堆积。此外，有机食品虽然更贵，但不含任何杀虫剂。杀虫剂是致癌物质（致癌化学物质）或者毒素，要么通过大便和尿液排出体外，要么储存在脂肪细胞内。

▷ 4. 有助于大脑生长，提升智商（IQ）的习惯

在过去的十年里，神经科学（对大脑的研究）彻底改变了我们对大脑工作原理的理解。我们现在知道大脑每天都在变化。我们在一生中，甚至到80多岁都可以为我们的大脑重新配线（被称为神经可塑性）。而且我们现在还知道，海马体每天会产生数千个新的脑细胞（被称为神经发生）。

对基因组的绘图和相关研究让我们发现，打开某些基因可以帮助我们提高智商。它们不像人们以前认为的那样是固定不变的。你在17岁时是智商为100的"C"学生，并不意味着你会仅仅因此就一直这样。你可以在这一生中去提高你的智商。习惯可以让你做到这一点。白手起家的百万富翁每天都在做一些能让他们在一生中不断改善大脑、提升智力的事。这些活动通过增强和巩固旧的神经连接、创造全新的神经连接来增加脑质量。

我们来谈谈我在富有的习惯研究中发现的关于大脑构建的一些活动：

·每天学习——每次当你学习新东西时，你都在对你的大脑"重新配线"。新的神经元被招募并开始彼此眉目传情（被称为突触）。随着学习创造更多新的神经通路，你的大脑体积实际上增加了，你的智力

也在提高。在我的研究中，88%的富人，早在他们发家致富之前，就养成了至少每天30分钟自我提升的阅读习惯。这一日常习惯帮助他们提高了认知能力，促成了他们日后的成功。

・每天有氧运动——有氧运动使血液充满氧气。这些氧气最终会进入大脑。氧气在大脑中就像一块海绵。它吸收自由基（致癌物质）并将这些自由基转化为二氧化碳。血液将这些二氧化碳带到肺部，然后肺将二氧化碳呼出到环境中，从而将其排出体外。我们越运动，我们吸入的氧气就越多，这种海绵吸氧气—排二氧化碳过程所吸收的自由基就越多。有氧运动还可以降低肥胖症、心脏病、高血压、2型糖尿病、中风和某些类型癌症的发病率。每天20到30分钟的有氧运动已被证明可以刺激脑细胞上轴突和轴突分支的生长。最近的神经学研究发现，轴突和轴突分支的数量与智力之间存在相关性。轴突和轴突分支越多，智力水平就越高。有氧运动也会增加NGF（神经生长因子）等神经营养因子的释放。NGF刺激神经元的生长，帮助在每一个神经元周围维持一种健康的脂肪包裹膜（被称为髓鞘），改善突触之间的沟通（相互连接的脑细胞）。更多的突触交流会让记忆力更好，反应更快。因此，每天进行有氧运动可以为大脑提供营养，清理大脑并提升智力水平，每次运动都会这样。有氧运动还可以提高高密度脂蛋白（HDL）胆固醇（又称"好胆固醇"）并降低低密度脂蛋白（LDL）胆固醇（又称"坏胆固醇"）。结果呢？——减少动脉中斑块的堆积。研究表明，定期参加有氧运动的人比不经常运动的人寿命更长。越健康的人请病假越少，精力越充沛，这会转化为更高的工作效率。更多的工作成效会让你对公司和客户更具有价值，这会转化为更多的钱。长期压力会削弱免疫系统抵抗病毒、细菌和寄生虫的能力。有氧运动会让身体充满氧气，而增多的氧气会减少压力对身体的影响。有氧运动能够一箭双雕——它在减少压力所带来的影响的同时，也减轻了压力本身。

·饮酒适量——肝脏平均每小时能够处理约 2 盎司[1]的酒精（约两杯 12 盎司的啤酒）。任何超过这个量的酒，都会让酒精进入你的血液，然后被带到大脑。一旦酒精到达大脑，它就会渗透到神经元上的谷氨酸受体，破坏神经元发射信号的能力。如果你经常过量饮酒，你就在对这些谷氨酸受体造成长期损害，这会对你的记忆力和运动能力造成永久性破坏。在我的研究中，84% 的富人每天喝酒少于 2 盎司，这是巧合吗？我不这么认为。他们适度饮酒以帮助他们的人脑保持健康，不停生长，不断改善。

·睡个好觉——在我的研究中，89% 的富人平均每晚睡至少 7 小时。每个睡觉的人每晚都要经历四到六个睡眠周期。一个睡眠周期持续约 90 分钟。这些睡眠周期中的每一个都由五个睡眠级别组成：α、θ、δ、快速眼动期（REM），然后回到 θ。对于每个单独的睡眠周期，前三个睡眠级别（α、θ 和 δ）持续 65 分钟。快速眼动期持续 20 分钟，最后的 θ 睡眠水平持续 5 分钟。你每晚所拥有的完整睡眠周期数要比你睡着的小时数更重要。每天夜里五个完整的睡眠周期（7.5 小时）被认为是最佳的。而每晚少于四个睡眠周期会对我们的健康产生负面影响。

为什么睡眠对大脑功能如此重要？睡眠对大脑有四个重要益处：

1. 睡眠修复脑细胞、破坏病原体——在睡眠期间，大脑的免疫细胞（被称为小胶质细胞）修复受损的脑细胞，并摧毁那些以某种方式

---

[1] 1 盎司为 29.57 毫升。——编者注

打破血脑屏障的病原体。

2. 睡眠会清理大脑——在睡眠期间，脑细胞会收缩约 20%。这会在大脑内创造额外的空间，随后类淋巴液会被释放进入这块额外的空间，以冲走小胶质细胞留下的杂质，并清除多余的 Tau 蛋白和淀粉样蛋白斑块（白天在脑细胞周围积攒的蛋白质）。

3. 睡眠重新设置大脑的情绪中心——白天，会发生许多刺激大脑情绪中心的事情。在睡眠期间，这些情绪中心被重新设置回到基因预先确定的基线。

4. 睡眠创造长期记忆——在白天，你会吸收大量新信息。其中一些新信息暂时存储在海马体内。睡觉时，海马体和大脑皮层会将这些新信息反复循环数千次，每晚都是如此。为什么？大脑通过将新记忆与旧记忆联系起来，来创建"LT 记忆"。它通过搜索关联性——让旧的大脑区域以某种方式关联新的记忆——来做到这一点。当发现一个或多个与以前相关的记忆点位时，大脑皮层将通过用新记忆编译旧记忆的方式来存储新记忆。这个过程之妙在于，这两个大脑区域在搜寻可以存储新记忆的地方时，它们无意中会被许多较早的、现有的脑细胞或突触"绊倒"。因为大脑用图片思考，所以每当这种记忆存储功能被现有脑细胞或突触"绊倒"时，那些较旧的区域就会变亮。结果就是一些以前的记忆以图片的形式无意中在脑海中闪过，这种不经意的闪现，我们称为"梦"。这很酷！

· 养成参与新活动的习惯——每次你从事一项新活动并加以练习时，你的大脑就会变大。当你定期重复新活动时，相互交流通信的神经元开始形成一条永久性的神经通路，从而增加你的大脑容量。那些想要促进大脑生长的人应该参与一项新活动并反复去练习，直到它成为一种新技能。这可能需要 18 天到 254 天不等的时间。每一项成为技能的新活动都会产生大脑质量，让你保持思维活跃，维持大脑健康。

·每周进行至少 3 天的负重训练——神经干细胞（新脑细胞）在海马体中产生，并分裂为神经细胞或神经胶质细胞（神经元的支持细胞）。神经细胞从海马体被送到齿状回，齿状回就像交警一样，命令它们前往大脑的特定区域——没错，脑细胞是可移动的。主动运动会增加海马体产生的神经干细胞的数量。这是它的工作原理：负重训练将充满氧气的血液输送到大脑。力量训练越多，血流量就越高。增加的血流量会为大脑提供更多的葡萄糖（大脑燃料）和氧气（像海绵一样从大脑中清除自由基，达到清理大脑的效果）。负重训练还可以增加海马体内 BDNF（脑源性神经营养因子）的产生。BDNF 就像大脑的美乐棵一样，帮助它产生更多的新脑细胞。BDNF 还有助于提升旧脑细胞的健康水平和体积。实际上，负重训练通过创造新脑细胞和维持旧脑细胞来促进大脑发育。每个脑细胞都有一个轴突和多个树突。每个脑细胞的轴突与其他脑细胞的树突相连。这称为突触。一个人所拥有的轴突和突触的数量与其智力之间存在直接关联。举重练习会促进轴突的生长，这有助于提高突触活动水平。因此，任何增加轴突和突触数量的行为都会提高智力。

▷ **5. 建立强大关系的习惯**

白手起家的百万富翁非常讲究与谁住在以及将谁纳入自己的核心圈子。他们的目标是与其他乐观、积极、上进、有成功意识的人建立关系。在我的富有的习惯研究中，86% 的白手起家的百万富翁养成了与这类人交往的习惯。

成功人士在其他人身上关注哪些特质？

- 成功的人
- 注重成功的人
- 善于倾听的人
- 话不多的人
- 谦虚并克制的人
- 有很多好习惯的人
- 具有积极心态的人
- 热情的人
- 乐观的人
- 冷静、快乐、能控制自己情绪的人
- 拥有信得过的声誉的人
- 不八卦或八卦正面信息的人
- 能够与他人相处的人
- 启发、激励他人的人
- 对自己生活负责的人
- 具有强烈好奇心的人
- 有慈善意识的人
- 有竞争力的人
- 注重健康的人

与此同时，白手起家的百万富翁也会努力尽量减少与"有毒"的人的接触。

成功人士在其他人身上关注的"有毒"特征包括：

- 不成功的人

- 话太多的人

- 过于自负的人

- 无法控制自己情绪的人

- 生活一直动荡的人

- 有太多坏习惯的人

- 有消极心态的人

- 悲观的人

- 有失信名声的人

- 似乎永远要与他人争论的人

- 喜欢八卦负面内容的人

- "梦想杀手"或末日预言者

- 看起来缺乏激情的人

- 具有受害者心态、将自己的问题归咎于他人的人

- 看起来没有动力的人

- 不健康、过量饮酒或吸毒的人

了解需要留意哪些特质会帮你避免浪费时间与错的人建立关系。那些处于你的核心圈子的"有毒"的人会成为你时间的"吸尘器"。他们的问题最终会成为你的问题。

在我的富有的习惯研究中，80%的白手起家的百万富翁会使用四种策略与合适的人建立、发展和巩固关系：

1. 问候电话——问候电话主要用于收集每个联系人的信息。

2. 生日祝福电话——生日祝福电话能为你的人际关系维系生命。每年至少主动联系一次你的联系人，祝他们生日快乐。这些联系人中约有25%最终会予以回馈，在你生日那天给你打电话，从而使你们的

关系"摆脱危机"。

3. 生活大事件电话——生活大事件电话是最强大的策略，因为它会让你与他人的关系进展到极致。打这样的电话，是表示你知道了他们生活中的某些事件：新生儿出生、亲人去世、订婚、结婚、健康出现问题等。因为这些电话是在对方很情绪化的时候拨出的，它们会更深、更快地将你们的关系往前推进一步，任何其他策略都比不了。

4. 建立人际网络、志愿服务——建立人际网络、志愿服务可以让你结识新朋友，并提供在安全、友好和无压力的环境中展示自己技能的机会。建立起适合自己的人脉拓展流程是成功的关键。当你以正确的方式扩大人际网络时，你就会获得客户、战略业务合作伙伴、粉丝和人际关系合作伙伴，这将转化为更多的钱。白手起家的百万富翁是社交高手。他们的社交活动通常与慈善有关，目的就在于增进与其他注重成功的人的关系。这些百万富翁建立、发展人脉的方式有很多种。以下是他们用来建立权力关系的五种顶级社交策略，按照重要性排序。

（1）慈善机构——他们会参加当地社区非营利组织，成为其中的一员。许多富人会成为非营利组织的董事会成员。在我的研究中，富人在多个董事会任职的情况并不少见。非营利组织也恰好是推荐熟人最有价值的资源之一。它们也是个人发展、成长或向大家展示自己所拥有技能的安全场所。通常，四面八方的人都会向你推荐一些好机会：非营利组织的董事会成员、委员会委员、供应商、慈善机构捐助者和受益人等。非营利组织的大多数董事会成员都是有影响力的人——他们也正好是那些非常成功的有钱人，拥有强大的社会关系，能为他人打开机会的大门。每个董事会成员在亲友和同事关系里都有一个强大的核心圈子。他们的家人、朋友和同事几乎肯定也会以某种方式参与到非营利组织的活动里。例如,你可能会发现自己参加非营利机构组织的某次筹款活动时,桌子旁坐了一群有权势的人。这意味着你会结识很多原本无法结识的人。最后,一旦你能够获得董事会或委员会成员的信任,他们就会很乐意敞开大门来帮助你或你的家人。

(2)商业团体——他们是当地社区的商业团体的成员。

(3)演讲者——他们曾参与演讲活动。演讲可能是最有效的社交工具。演讲一次能够结交三十个或更多的潜在客户或新的人脉。许多人害怕公众演讲。这些百万富翁所拥有的共同特征之一就是他们拥有克服自己恐惧的能力。公众演讲会让你脱颖而出。这是一种竞争优势。

(4)咨询委员会——他们会加入社区企业的咨询委员会。

(5)公民团体——他们加入了当地的公民团体,如狮子会(the Lions Club)、扶轮社(Rotary Club)、商会、哥伦布骑士团(Knights of Columbus)和乐观主义者俱乐部(Optimist Club)。

当白手起家的百万富翁发现一个人很特别时,他们会投入时间和精力将这个人带到他们的核心圈子里。他们的目标是将每一段新的人际关系从小树苗培育成红杉树,将这个人变成值得信赖的朋友。许多人使用互惠法则来把目标人物拉入他们的核心圈子里。

以下是我研究中的百万富翁使用互惠法则的方式——百万富翁会定期抽出一部分时间来通过某种方式帮助一个特定的目标人物。这可能是为有权势的人打开一扇门、获得客户、实现一个目标、实现一个梦想、帮助一个家庭成员、赚更多的钱等。换句话说,他们会先给予。他们也可能会在某些事情上向目标人物寻求帮助。

提供帮助和寻求帮助是互惠法则的运作方式。它迫使人际关系继续下去,因为它让一方欠着另一方的人情。

第3节

习惯从何而来

你生活中大部分的习惯是从哪里养成的？我敢打赌你从来没有认真考虑过这个问题。你的习惯不是凭空出现的。它们都源自某个地方。每个源头，无论好坏，都会用其习惯感染你。我们在生活中形成的习惯主要来自我们所结识的人，他们来自日常生活中、接受教育的过程中、我们的个人经历中以及周边环境中。以下是我们习惯的源头清单，按影响大小顺序排列为：

1. 父母
2. 导师
3. 对梦想或目标的追逐
4. 我们欣赏崇拜的人
5. 从犯错、失败的艰难经历中汲取经验教训
6. 书籍
7. 文化

8. 工作圈子：上司、同事、业务伙伴

9. 配偶或人生伴侣

10. 子女

11. 朋友

12. 祖父母

13. 学校的同学

14. 姻亲

15. 各种机构：教堂、健身馆、运动队、慈善机构、俱乐部等

16. 邻里

17. 公众人物：明星、职业运动员和其他各种名人

让我们更深入地研究一下对我们生活中习惯的形成影响最大的两个源头。

○ 1. 父母

你成年后的大部分习惯，都是从父母那里继承的。这是因为许多成年人的习惯是在童年时期形成的。孩子先观察他们的父母怎么做，无论是好是坏，然后就模仿父母的做法。在我的研究中，穷人和从零开始奋斗从而发家致富的有钱人从父母那里学到了某些特定的习惯，这些或坏或好的习惯使他们不知不觉地在成年后走上了或贫穷或富裕的道路。根据我的数据，在我的富人习惯的研究中，75%靠自己建立起家业的人都是从父母那里学到了良好的成功习惯。布朗大学的一项

研究对近 5 万个家庭进行了调查后得出结论,许多成年人的习惯都是在 9 岁时形成的。

你从父母那里继承了许多习惯,因此父母的习惯是影响你当前生活状况的主要因素。父母的习惯可以让你成功或失败。以下是一些受父母影响的知名成功人士的例子:

·沃伦·巴菲特——我敢打赌,你并不知道沃伦·巴菲特的父亲是一名股票经纪人。巴菲特也成为一名股票经纪人并非偶然。他接受的指导让他成了一名股票经纪人——被父亲指导。

·肯尼迪家族——约瑟夫·肯尼迪是一位非常成功的政治家,他的几个儿子——约翰·肯尼迪、鲍比·肯尼迪和泰迪·肯尼迪都接受过他的指导。

·肯·小葛瑞菲——肯·小葛瑞菲可以说是有史以来最有天赋的棒球运动员,他的职业棒球运动员父亲肯·葛瑞菲(纽约洋基队)是他的导师。

·比尔·贝利奇克——比尔·贝利奇克的父亲在海军担任了 33 年的足球教练。在比尔 3 岁时,人们就发现比尔坐在父亲的膝盖上观看海军足球运动员的电影。

将子女养育成成功的百万富翁的父母都有一个共同点:有良好的习惯。他们的孩子在生活中出类拔萃并非偶然。一名或多名父母教给他们某些成功习惯,使他们在成年后的竞争中脱颖而出。父母往往是大多数人在生活中拥有导师的唯一机会。这恰好是我们将要讨论的下一个习惯源头。

2. 导师

你的习惯的第二大源头是导师。根据我的研究数据，24%的靠自己打拼出来的百万富翁都养成了自己的职业导师教给他们的习惯。在这24%的人中，高达93%的人表示，他们一生所累积的财富几乎全都得益于受职业导师影响养成的习惯。在我的研究中，233名百万富翁的平均净资产为430万美元。因此，寻找职业导师就像有人将数百万美元存入你的银行账户一样。

以下是一些在生活中拥有导师的著名的成功人士的名单：

· 奥普拉·温弗瑞——由邓肯夫人指导。

· 科林·鲍威尔将军——由他的父亲路德·鲍威尔指导。

· 马丁·路德·金博士——由本杰明·E.梅斯博士指导。

· 亨利·大卫·梭罗——由拉尔夫·沃尔多·爱默生指导。

· 参议员约翰·麦凯恩——由威廉·拉文内尔指导。

· 沃尔特·克朗凯特——由弗雷德·伯尼指导。

· 格洛丽亚·埃斯特凡——由她的祖母康苏埃洛·加西亚指导。

· 海伦·凯勒——由安妮·沙利文指导。

· 鲍勃·迪伦——由伍迪·格思里指导。

· 昆西·琼斯——由雷·查尔斯指导。

· 马丁·辛——由阿尔弗雷德·德拉普牧师指导。

· 丹泽尔·华盛顿——由西德尼·普瓦捷指导。

· 罗莎·帕克斯——由爱丽丝·怀特（女校长）指导。

· 汤姆·布罗考——由弗朗西斯·莫洛（小学教师）指导。

·米奇·阿尔博姆——由墨瑞·史瓦兹指导(《相约星期二》)。
·拉里·金——由爱德华·贝内特·威廉姆斯指导。
·提姆·拉塞特——由玛丽·露希尔修女指导。
·杰克·坎菲尔德——由 C.克莱门特·斯通、马克·维克特·汉森、珍妮特·斯韦茨、约翰·格雷、鲍勃·普罗克特、吉姆·罗恩和约翰·麦克斯韦指导。

指导案例研究——杰米·戴蒙

杰米·戴蒙是世界上最成功、最受尊敬的银行家之一。戴蒙由传奇人物——经纪人、银行家桑迪·威尔指导。威尔-戴蒙团队以其合作的强度以及所合作过的大型交易而成为传奇。这跟典型的雇主或雇员合作完全不一样。1983 年,当时在美国运通(American Express)工作的威尔聘请了年轻而充满抱负的戴蒙(他的股票经纪人父亲曾为威尔工作),当时他才 26 岁,刚从哈佛商学院毕业。两年后,威尔离开了美国运通,戴蒙追随了他的导师。二人数月并肩工作,研究潜在的机会。最终,他们找到了他们喜欢的一家名为商业信贷(Commercial Credit)的公司,这是一家位于巴尔的摩的苦苦支撑的贷款机构。两人将商业信贷公司向大众推广开来,将其作为建立他们商业帝国的基础。随之而来的是一系列并购,直至巅峰时刻——1998 年,威尔和戴蒙的系列公司与金融巨头花旗银行合并。戴蒙从这位年长得多、非常睿智的导师那里受益匪浅,最终成为全球最强的金融机构之一摩根大通的首席执行官。找到人生的职业导师,会让你走上成功的快车道。

第 4 节

大脑科学与习惯

○ 脑科学的基本知识

大脑基本上分为三个部分：

1. 脑干

2. 边缘系统

3. 新皮层

大脑的这三个部分都通过一系列神经纤维相连接。

▷ 1. 脑干

脑干是大脑最古老的部分。它有时被称为爬行动物大脑（Reptilian Brain）、反应性大脑（Reactive Brain）或本能性大脑（Instinctive Brain）。曾经某个时候，它是人类大脑的第一个也是唯一一个部分。脑干连接到脊髓，脊髓分支形成中枢神经系统。它主要由延髓和脑桥组成。脑干控制你所有的自主神经过程，如呼吸、心跳、吞咽和器官功能。它会带来饥饿感、催生性欲、启动或战或逃机制。脑干不进行思考活动。它的存在是为了确保你能生存下来。

▷ 2. 边缘系统

边缘系统是大脑中第二古老的部分。它有时被称为情绪大脑。它是你所有情绪的所在地，并与长短期记忆的存储密切相关。它包括以下组成部分：

·杏仁核——掌管记忆和情感。

·下丘脑——掌管肌肉振动和体内温度。这就是你生病时会发抖的原因。下丘脑会升高体温以杀死细菌。肌肉振动产生热量以杀死细菌。下丘脑还会控制食欲和激素。

·丘脑——位于基底神经节旁边。影响触感、痛感、体温和肌肉。最近的研究发现，丘脑是大脑的守门人——所有外部感觉信息会首先通过丘脑。大部分信息都会被忽略，永远不会进入人的意识（前额叶皮层）。

·海马体——这是存储短期记忆的地方。在深度睡眠期间，海马体将短期记忆转移到新皮层进行长期存储。

·嗅叶——触发嗅觉。这就是气味有时会引起某些情绪的原因。它们都在边缘系统中相连。

·RAS——丘脑的一部分，RAS会审查你从环境中获取的感官信息。大多数感官信息被RAS和丘脑挡住了。这样做是为了防止大脑负荷过重。

·扣带皮层——产生对发展新技能、培养新习惯以及对生存至关重要的镜像神经元。这些镜像神经元让孩子模仿父母的行为、情绪和习惯——无论它们是好是坏。

·基底神经节——这是大脑习惯的指挥和控制中心。基底神经节就像车轮的轮毂。基底神经节的每个辐条（树突）都延伸到新皮层、边缘系统和脑干的最深处。当我们出于特定目的反复使用相同的脑细胞时，就会形成习惯。基底神经节将创建一个辐条并将其连接到大脑的其他部分，以努力养成一种习惯。轮毂和那些辐条是生理性的，这一生理基础设施永远存在，或者直到小胶质细胞被召唤来拆除不活跃的习惯突触。这就是习惯很难改掉的原因。

▷ **3. 新皮层**

这是大脑中最新、最不寻常的部分。它只存在于哺乳动物中。它占据人类大脑的绝大部分。大脑质量的 5/6 完全由新皮层组成。它拥有最多的神经元——400 亿个。它有时被称为思维脑、高级脑、意识脑、大脑或大脑皮层。它负责学习、长期记忆、思想创造和决策制订。它由四个叶组成：顶叶、额叶、颞叶（听觉）和枕叶（视觉），以及杏仁核和胼胝体——一束连接新皮层两个半球的神经。它只能看到丘脑和 RAS 系统允许它看到的感官数据。

○ 神经元

神经元也被称为脑细胞。据估计，成年人平均有 230 亿到 1000 亿个神经元。专家对此仍然没有定论。没有人真正知道。我所研究的信息和数据似乎偏向于 1000 亿。每个神经元由一个轴突和多个树突组成。每个轴突和树突都有多个分支，就像树木一样。

当神经元彼此足够频繁地交谈时，就会形成突触。轴突向附近的其他神经元发送信号时，就会启动这种通信。附近神经元的树突接收这些信号。每个树突尖端都有受体，可以接收轴突释放的神经递质。这就是神经元通过这些称为神经递质的化学物质相互交流的方式。

突触间隙是每个树突上的一个空白间隙，轴突分支发送的信号会穿过这里。你可以将每个轴突分支想象成一个插头，每个树突为一个插座。轴突分支插入每个树突插座——瞧，即时通信就成功了。

最强大的神经元被称为梭形细胞。这些就像超强版本的神经元。它们更大，比其他所有的神经元大四倍，具有长而粗厚的延伸部分，看起来就像纺锤体。它们主要存在于扣带皮层中，由于体积巨大，它们能够连到大脑较远的区域。地球上没有其他物种拥有像人类一样丰富繁多的梭形细胞。它们让人类在所有物种中与众不同。由于它们体积较大，纺锤神经元得以在更远的距离进行更快的通信。将普通神经元想象成邻里小区之间的路，那纺锤神经元就是德国高速公路。梭形细胞是大脑的高速公路。我们的直觉就来源于它，它让我们能快速即时地做出决定。

○ 习惯如何形成

要养成某种习惯，最初始的行为是大脑必须愿意投入这一精力。在任何习惯形成之初，大脑都会投入宝贵的脑燃料来建立这一习惯。

这个习惯建立的过程就像盖房子一样，盖房子需要投入大量工作，但一旦房子造好了，工作就结束了。习惯也是如此。一旦习惯形成，大脑维持这一习惯或者进入这一习惯就不费什么劲了。这非常高效。大脑就喜欢高效。

所有的习惯都是由大脑创造和调节的。所以，为了真正了解习惯，你需要对大脑的工作方式、习惯如何开启或关闭有一些基本的了解。

对大多数习惯而言，启动使它建立的过程都需要多个脑细胞（神经元）协同工作。当两个或多个神经元频繁相互交流时，它们最终会形成一种被称为突触或键的东西。形成突触后，基底神经节（大脑的燃料效率和习惯管理器）会发出一个临时树突来监测似乎正在重复发生的突触活动。如果活动非常频繁（例如每天），基底神经节的树突将永久附着在突触上，将这些神经元转化为一种习惯。

被基底神经节标记为习惯的神经元，随后会开始做两件事：

1. 隔离每个"习惯"神经元轴突的髓鞘会变得更厚，这有助于加快电信号沿着轴突主干流动。这种新增的隔离部分有助于降低电信号传播所需的燃料水平。

2. "习惯"神经元在物理上彼此靠得更近。这缩短了神经递质必须在突触间隙内移动的距离，也节省了脑燃料。

习惯之所以如此难以打破，是因为在习惯形成的过程中建立了这种紧密的联系。就像很难拆散一家人一样。

根据伦敦大学学院对 96 人进行的一项著名研究，习惯的形成需要 18 天到 254 天不等，平均而言建立一个习惯需要 66 天。该研究还发现，习惯涉及的行为越复杂，例如挥动高尔夫球杆，形成习惯所需的时间就越长。不太复杂的习惯，例如教孩子每天刷牙，在几天内就可以形成。

○ 习惯改变你的基因

你是否知道，你的日常习惯可以打开或者关闭基因？这被称为基因表达或表观遗传学。基因表达是指特定基因在一个人的生命中被开启或关闭的过程。

人体包含大约 100 万亿个细胞。每个细胞内都有细胞核。每个细胞的细胞核内都有你的基因。专家估计，人类平均有 23000 多个基因。每个人从母亲那里继承 23 条染色体，从父亲那里继承 23 条染色体。寄宿在这 46 条染色体中每一条染色体上的都是基因。一条染色体可以容纳数百个基因。每个基因就像一个计算机指令，命令某一细胞内的 RNA（核糖核酸）制造细胞发挥其作用所需的某一特定蛋白质。不同的基因命令 RNA 制造的蛋白质也不同，因此仅维持一个细胞的正常运转就需要多个基因才能实现。DNA 是 46 条染色体的专有名称。这 46 条染色体实际上就像一份指导手册，它包含为了维持体内细胞的平稳运行，每个细胞里的 RNA 要制造的各种必要的蛋白质的相关信息。

有趣的是，单个基因可以通过一种被称为甲基化的过程打开或关闭。甲基化是产生可以使基因活跃或不活跃的酶的过程。

什么会触发甲基化？

很多东西，包括习惯。

通过打开或关闭某些基因（称为基因表达，即甲基化或去甲基化）而形成一个新习惯的这一简单行为，对你的健康幸福可以产生有益或有害的深刻影响。良好的习惯，例如通过阅读来学习，就是开启某些好基因的习惯的一个例子。这些好基因一旦被你的阅读习惯激活，就会指示 RNA 产生蛋白质，来促进你阅读时所调用的脑细胞的生长发育。实际上，阅读会刺激基因，来帮助维持和促进脑细胞的生长。

只要你保持阅读和学习，这些基因就会不断产生增强脑细胞的蛋白质，从而提高你的智力水平。

坏习惯，比如浪费时间的习惯，比方说坐在沙发上一次看好几个小时的 Netflix[1]，就是让好基因处于关闭状态的一个习惯的例子。

为什么？

这种看电视、浪费时间的习惯事实上使那些大脑构建基因由于缺乏脑力活动而处于不活跃的状态。如果没有这些好基因来维系和增强脑细胞，脑细胞及其突触就会变弱。

换句话说，你的脑细胞会因你浪费时间的习惯而受损。这可能导致智商降低或认知障碍。当你有坏习惯时，好基因就不能发挥作用。我们可以看到这种情况以各种疾病的形式表现出来，例如肥胖、2 型糖尿病、心脏病、阿尔茨海默病以及各种其他可以预防的疾病。你之所以是你，是因为你的基因。你的基因通过你的习惯造就了你。开启坏基因或关闭好基因的坏习惯包括：

- 过量饮酒。
- 吸毒。
- 饮食不健康，比如吃太多垃圾食品。
- 日常缺乏有氧运动。

---

[1] 美国奈飞公司，流媒体播放平台。——编者注

・摄入过多的糖。

・不通过阅读或学习新技能来训练大脑。

・消极情绪和思维。

相反,好习惯可以关闭坏基因,开启好基因。开启好基因的好习惯包括:

・每天阅读或学习新技能,这可以打开增长脑细胞体积和数量的基因,从而提高你的智力水平。

・每天进行有氧运动,可以开启预防心脏病、哮喘和其他免疫疾病的基因。

・冥想,可以关闭导致各种疾病发作的不良基因,并打开预防此类疾病的良好基因。

・正面的思考和积极的情绪会改变大脑的化学反应,从而增加或减少基因表达。

习惯并非无害的。它们可以通过改变你的基因组来改变你的DNA。这不仅对你重要——当你改变你的DNA时,你可以将这种改变的DNA传递给你的孩子,无论是让他们变得更好还是更坏。

○ 旧习惯如何消亡

当两个或多个神经元相互通信时,就会形成突触。突触非常像一座建在大脑内部的桥梁,它将各种神经元相互连接起来。如果一个突触每天持续发送信号,并且如果这个突触似乎正建造越来越多的桥梁,将越来越多的神经元招募到它的突触中,那么基底神经节(大脑负责燃料效率和习惯的管理者）就会注意到。它会在这个不断增长的突触区域长出一个树突来进行调查。如果在调查后，基底神经节确定突触不会消失，就会将其标记为一种习惯。

一旦突触被标记为习惯，它就会永远被标记为习惯。

但是，如果一个人出于某种原因决定改变一个习惯（很难做到），随着时间的推移，习惯突触将会废掉（未使用）。因为基底神经节已经有一个树突在监控习惯突触，当它注意到突触不再活跃时，它会向大脑的防御或清洁团队——小胶质神经细胞发送信息。

小胶质神经细胞在大脑内有两种功能：

1. 免疫系统。胶质细胞是人脑抵御不受欢迎的各种入侵者——以某种方式得以突破血脑屏障（大脑的第一道防线）的病毒、细菌或寄生虫——的第二道防线。这些小胶质细胞会攻击入侵者，杀死它们，然后分解掉它们。

2. 保洁队。小胶质细胞拆解体内已经受损或不再起作用的神经元。它们还会断开不再使用的突触——即使该突触以前被基底神经节标记为习惯。

所以，是的，习惯可以打破。如果它们长时间处于破裂状态，小胶质细胞最终会被召唤来拆除突触。

第 5 节

如何改变习惯

如果你不知道自己在做什么,哪怕改变一个习惯也会很难。记住,当涉及习惯的改变时,大脑会跟你作对。结果,大多数新养成的习惯在几周后就会被瓦解。此外,当你改掉一个旧习惯时,几周后大脑就会非常努力地强迫你改回那个旧习惯。最终,你的动力和意志力会消退,或者你会变得很有压力,而你的旧习惯会重新抬头。

如果你不知道改变习惯的诀窍在哪里,你可能就得依靠我所谓的"极度厌恶感"(Extreme Disgust)这种东西。"极度厌恶感"很难遇到。它基本上是跌到谷底的状态——就是你厌倦了你的生活环境,并积聚了能够让你改变习惯的强大的情感能量。但是,正如我所说,这是非常态的。你不会希望必须等到自己的生活因为习惯变得一败涂地时再寻求改变。你不想等到自己跌到谷底。

经过多年对 361 名富人和穷人的习惯的研究,我发现了让改变习惯变得无比容易的一些原则。我创建了一个易于遵循的流程,它会提供让你在短短二十一天内改变一个习惯的工具。除了这个易于遵循的流程之外,我还会跟你分享关于习惯改变的最新科学知识,这将帮助你在大脑不反抗的情况下,诱导大脑来改变习惯。那么请准备好吧,因为你的生活即将以你梦寐以求的方式发生改变。让我们开始吧。

○ 意识到你的习惯

为了改变你的习惯,你需要首先意识到它们的存在。意识到它们需要你跟踪记录从醒来的那一刻到入睡的那一刻自己所有的习惯。只需要三天的跟踪记录就够了。所以,在接下来的三天里,我希望你随身携带一个记事本,写下你从醒来到睡觉所做的每一件事。三天后,我希望你查看你的清单。你是否注意到这三天中每天都有重复的活动?它们就是你的习惯。现在将这些习惯誊写到下面的"习惯意识计划表"中。

习惯意识计划表

1	
2	
3	
4	
5	
6	
7	
8	
9	
10	

续表

11	
12	
13	
14	
15	
16	
17	
18	
19	
20	
21	
22	

○ 习惯的评级

改变习惯的下一步是对你当前在"习惯意识计划表"中列出的习惯进行评级。在好习惯旁边加一个加号（+），坏习惯旁边加一个减号（-）。现在你已将"习惯意识计划表"转变为"习惯评级表"。这个"习惯评级表"将成为你改变习惯的跳板。不要因为自己的许多习惯都是坏习惯而担心。这个练习的目的是让你意识到自己的不良习惯。在习惯改变的过程中，意识到它们的存在永远是第一步。当你知道哪些习惯阻碍了你的发展时，你就有了改变自己的生活所需要的信息。遗憾的是，大多数人完全跳过了这一步，直接开始添加新习惯。每年数百万人在制订新年计划时都在这样做。他们从来没有意识到自己已有的习惯，这些习惯正在为他们的生活奠定基础。习惯的改变需要你消除坏习惯，然后再添加新的好习惯。此举的目标是将你的个人习惯"跷跷板"引导向正确的方向。为了做到这一点，你需要意识到自己目前拥有的习惯，然后确定它们的好坏。

下面就是一个例子：

习惯评级表

1	早上 8 点醒来，起床开始新的一天	−
2	就着抹着黄油的贝果面包喝一杯咖啡	−
3	边喝咖啡边抽烟	−
4	冲个澡，准备去上班	−
5	开车上班，通勤路上抽根烟	−
6	通勤路上听听音乐或者广播	−
7	工作时首先查看邮箱或语音留言	−
8	工作的第一件事就是回复邮件或语音留言	−
9	工作	+
10	休息，跟同事八卦 15 分钟	−
11	对上午收到的邮件或电话一一进行回复	−
12	跟同事们在快餐店吃午餐	−
13	午餐时间跟同事们一起闲聊、八卦	−
14	下午继续工作	+
15	一一回复下午收到的邮件或者电话	−
16	休息 15 分钟，跟同事们闲聊，抽根烟	−
17	下午 5 点下班	−
18	通勤回家，路上听听脱口秀、音乐或新闻	−
19	吃晚餐，喝几杯啤酒或喝点红酒	−
20	看 3 小时电视节目	−
21	躺床上看 1 小时或者更久的科幻小说	−
22	夜里 11 点到 11 点半之间入睡	−

○ 富有的晨间习惯检查表

现在你已经找出了所有的好习惯和坏习惯，是时候开始根据自己的情况创建你的"富有的晨间习惯检查表"了。这份清单最终将成为你全新的日常生活的一部分。习惯的改变是一个过程。它需要时间。最好的方法是先专注于改变一些简单的习惯。这个过程的第一步是选择一些你想在接下来的 7 天时间里培养起来的晨间习惯。完成本课程后，你会更好地理解自己想要养成的富有的习惯。现在，让我们把这个过程记下来，以便你理解它。

托马斯·科里的第一个"富有的晨间习惯检查表"的示例：

富有的晨间习惯检查表

我今天早上 6 点醒来
我今天早上为了自我提升阅读了 30 分钟
我今天早上锻炼了 30 分钟
我今天早上列出了自己的待办事项
在今天早上上班的路上，我听了一些有声书或者播客节目
我今天早上没有吃任何垃圾食物
我今天早上并没有反复检查邮件
我今天早上做了三件跟我的个人目标有关的事

现在，使用下表来制订适合你自己的"富有的晨间习惯检查表"，并实施 7 天。

富有的晨间习惯检查表

	周日	周一	周二	周三	周四	周五	周六
富有的晨间习惯检查表							

每天，逐个检查你是否遵循了每一个新的"富有的晨间习惯"。这份清单将有助于在遵循你新的富有的晨间习惯的时候迫使你对自己负责。7天后，你所重复使用的脑细胞会开始形成突触。每天你重复每一个新习惯都会使突触变得更强。

注意：如果你每天都能遵循其中30%或者更多新的"富有的晨间习惯"，那就肯定自己一下。我从来没有在任何一天超过30%，但我每天所遵循的这30%的习惯彻底改变了我的生活。

○ 富有的日间习惯检查表

在按照你的富有的晨间习惯检查表生活至少7天后，就可以进入富有的日间习惯的建立过程了——使用相同的富有的习惯解析过程。以下是托马斯·科里的第一个"富有的日间习惯检查表"的示例：

富有的日间习惯检查表

午餐时间我会看 30 分钟的书，或者完成一些跟我的目标有关的任务
我在午餐时或者下午没有跟同事八卦闲聊
我午餐时或者下午没有吃任何垃圾食物
我下午 1 点到 2 点间检查并回复了邮件
在下班回家的路上，我会听有声书或者播客节目
下午我没有喝咖啡，而是喝了一杯水
今天下午我打了一些以简单问候、送生日祝福或者关心别人的生活大事件为内容的电话
今天下午我做了两件与实现个人目标有关的事

现在，请花一些时间按照以下时间表创建你自己的"富有的日间习惯检查表"。

富有的日间习惯检查表

	周日	周一	周二	周三	周四	周五	周六
富有的日间习惯检查表							

同样地，你需要投入至少 7 天时间来遵循这一新的"富有的日间习惯"。继续保持你的"富有的晨间习惯"，同时用心将这些新的日间习惯融入你每天要做的事情里。你可能想将新的晨间习惯和日间习惯合并到以下检查表中。

富有的晨间与日间习惯检查表

	周日	周一	周二	周三	周四	周五	周六
富有的晨间与日间习惯检查表							

○ 富有的晚间习惯检查表

再过 7 天，你就可以转到培养富有的晚间习惯了。通过不断的练习，你会在每天例行事务中加入新的晚间习惯。同样地，培养新的晚间习惯的跳板就是你之前完成的"习惯意识计划表"。以下是托马斯·科里的第一个"富有的晚间习惯检查表"的示例：

富有的晚间习惯检查表

今晚我看电视的时间没有超过 1 小时
今晚我花在浏览娱乐性质的网站的时间不到 1 小时
我花了 1 小时或者不止 1 小时的时间去追逐我的梦想、目标，或者发展副业、培养一门可以赚钱的技能
今晚我跟我的社交群体、非营利组织或者商业团体见面了
今晚我给儿子的运动团队做教练了
今晚我进行了 30 分钟有助于自我成长的阅读
今晚我 10 点之前就上床睡觉了

请花一些时间用下表创建你的"富有的晚间习惯检查表":

富有的晚间习惯检查表

	周日	周一	周二	周三	周四	周五	周六
富有的晚间习惯检查表							

同样地,你会想投入至少7天时间去遵循新的"富有的晚间习惯"。继续培养你的晨间和日间习惯,同时用心将这些新的"富有的晚间习惯"融入你每日的例行事务中。

○ 整合你的新习惯

你可能希望在下表里整合你所有新的"富有的习惯":

整合版富有的习惯检查表

	周日	周一	周二	周三	周四	周五	周六
整合版富有的习惯检查表							

一旦你的"整合版富有的习惯检查表"制作完成，请每天使用它来让自己负起责任。一段时间之后，随着你的脑细胞突触变得更强，你新的"富有的习惯"会神奇地被基底神经节转化为习惯。这种成为习惯的转变可能需要长达3个月的时间。

这是个坏消息。

现在来说好消息。一旦它们成为习惯，它们就不需要任何意志力或者自我约束。它们将会变成自动的。这些"富有的习惯"最终会带来回报。你会变得更加乐观、自信，你的财务状况会改善，你的健康状况会改善，你生活中的一切都会变得更好。它们是你对自己未来的一种投资。在未来数年，将来的你会感谢现在的你做出这些投资。

将你的"富有的习惯"想象成山腰上的雪花。随着时间的推移，你的"富有的习惯"会像雪花一样不断积累。你不会注意到这一天天的积累，但在某个时刻它们会带来雪崩，一种雪崩式的成功事件。这可能是奖金、加薪、晋升、更好的工作、签约大客户，或者只是更健康的身体。

○ 改变习惯的捷径

加快习惯改变的进程，有六个强大的捷径：习惯合并、熟人法则、环境变化、从小处着手、安排新习惯和为坏习惯建立防火墙。其中的每一项都会让习惯改变得更容易、更快，也会需要更少的意志力。

▷ **1. 习惯合并**

把现在的某个习惯想象成轨道上的火车，只不过这列火车存在于

047

你的大脑。如果你把新习惯加到同一列火车上，就好像它是一个新乘客一样，大脑会因为你并未试图控制火车或轨道而进行抵抗。你只是乘坐火车。当一个旧习惯并没有把一个新习惯视作一种威胁时，它就不会对新习惯的培养发动战争。

假设你想添加一个每天阅读 30 分钟进行自我提升的新的"富有的习惯"，而你有一个旧习惯，每天在楼梯大师[1]上进行 30 分钟有氧运动。如果你把一本书放在楼梯大师上边锻炼边阅读，你几乎会立即形成一种新的联合习惯。阅读习惯的触发器就会是楼梯大师上放的那本书。

再举一个例子。假设你有一个每天喝咖啡的旧习惯，你又想增加一个每天喝一杯水的新的"富有的习惯"。要将新习惯与旧习惯合并，只需将咖啡杯放在饮水机或水槽或冰箱里你的水杯旁边即可。当你的大脑告诉你该喝咖啡了，你会先找咖啡杯。在找了几天咖啡杯之后，那个杯子会成为一个提醒你喝一杯水的触发因素，而且在短短几天内，你的新联合习惯就会形成。

▷ **2. 熟人法则**

旧习惯能够被你与之往来的人触发。如果你想摆脱一些旧的坏习惯，最好的方法是限制自己花在与那些触发这些坏习惯的人交往上的时间，并开始与拥有你想建立的那些新的好习惯的人交往。你可以在网络小组、非营利组织、贸易团体或任何专注于追求相同目标的团体中找到这些新朋友。例如，如果你的一个新目标是多看书，你可以加入一

---

[1] StairMaster，一款健身用的楼梯训练机品牌。——译者注

个定期讨论所看图书的阅读小组。另一个例子是寻找跑步或举重的人，并开始与他们一起跑步或举重。一旦你睁开双眼发现这个世界的各种习惯，你就会开始注意到有很多人有你所想要的习惯。他们就在你身边。只有在你决定改变日常习惯后，你才会开始注意到他们。

▷ 3. 环境变化

当你所处的环境发生变化时，放弃旧习惯并养成新习惯要容易得多。新家、新邻居、新朋友、新工作、新同事、新城市等，都提供了养成新习惯的机会。当你所处的环境发生变化时，你会被迫思考如何来度过每一天。因为勺子、刀子和叉子已经不在以前的地方了，所以你必须思考。因为你的通勤方式不同了，所以你必须思考。因为你在公司里的新职责也不一样了，所以你必须思考。最终，你的大脑会迫使你在新的环境中养成习惯，以使大脑的工作变得更容易。

▷ 4. 从小处着手

如果你从小习惯开始，改变你的习惯会容易得多。小的习惯改变包括增加一些只需要很少的努力就能形成的习惯。比如，自大多喝水，服用维生素补充剂或在通勤路上听有声读物。小的习惯改变还包括减少现有的坏习惯。例如，减少吸烟次数，每天少看 30 分钟电视，或将 Facebook（脸书）等互联网网站的使用时间减少到每天不到 1 小时。习惯改变得越小越容易，坚持下去的可能性就越大。小的习惯改变会给你带来动力，增加信心。这使你能够在未来改变更大、更复杂的习惯。

▷ 5. 安排新习惯

在我的研究中，67%的白手起家的百万富翁都有一份待办事项清单。列待办事项清单是将成功融入你的生活的一种方式。自己打拼出来的百万富翁使用的技巧之一就是将某些良好的日常习惯纳入他们的待办事项清单中。这些特定的日常习惯每天都会自动出现在他们的待办事项清单上。这迫使人们担起责任。每天你都必须对你正在努力培养的新习惯负责。如果它们是简单的日常习惯，几周后，你就会不需要将它们列入你的待办事项清单了——它们已经成了习惯。然后，你可以将利用待办事项清单来建立习惯的流程继续用于其他新日常习惯的培养。

▷ 6. 为坏习惯建立防火墙

改变习惯的一个诀窍是通过在你和坏习惯之间建立某种类型的防火墙来让你更难去做坏习惯所包含的事。例如，你在深夜看电视时吃垃圾食品。你吃垃圾食品是因为它就在你的储藏室里。如果它不在你的储藏室，你就不能吃它。让这个坏习惯更难养成的方法是停止在你的食品储藏室存放垃圾食品，并在你的食品储藏室里存放健康的零食。这个习惯不是吃垃圾食品，而是在看电视时吃零食。清除垃圾食品可能会阻止你吃零食，但更有可能的是，当你坐下来看电视（触发因素）时，你会不自觉地进入吃零食的旧习惯。但这一次，好处是你将会吃一种不同的零食。最好是健康的或至少是低热量的替代品。

另一个坏习惯可能是晚饭后花好几个小时在Facebook上。让这种习惯更难进入的一种方法是关掉电脑和智能手机。要达到这个目的，你需要付出一些额外的努力，如果你的意志力薄弱，你就不会去关掉电脑和智能手机。而意志力通常在一天结束的时候是最脆弱的。

待办事项

1. 自我评估你目前的习惯。
2. 使用"整合版富有的习惯检查表"列出你想培养的好习惯。

第二章

富有习惯的具体研究

第 6 节

富有的习惯研究总结

○ 富有习惯的研究背景和方法

我的"富有的习惯研究"受到了国际媒体的关注。迄今为止,有27个国家的报纸、杂志、在线网站、电视、广播和播客都分享了我的研究的相关内容。因此,我收到了来自世界各地的数万封有关我的研究及研究方法的电子邮件。我的研究的首要目的是回答两个基本问题:

1. 为什么人会富有或贫穷?
2. 富人和穷人从早上醒来到晚上睡觉的那一刻都在做什么?

以下是我的研究概要:

· 在 2004 年 3 月到 2007 年 3 月这三年时间里,我采访了 233 名富人和 128 名穷人。

· 在这 233 名百万富翁中,有 177 人是靠自己起家的百万富翁,

56人继承了他人的财富。

· 在这177名靠自己起家的百万富翁中，105人（约59%）来自中产阶级家庭，72人（约41%）来自贫困家庭。

· 我又花了16个月的时间分析和总结数据，在2008年8月至10月的某个时候，我完成了初步分析。

· 富人组：年总收入16万美元，净资产320万美元。

· 穷人组：年总收入不足3.5万美元，流动资产不足5000美元。

· 约50%的人是通过面对面沟通反馈，其余人是通过电话采访或邮件。

· 没有一个人知道到他们正在接受采访，因为我在试图控制他们回答问题时的个人偏见。

· 我向每个人提出了20个涉及他们每日活动内容的宽泛问题（共144个子问题），如果算一算，总共是51984个问题。如果你想要这些问题的副本，请给我发邮件（tom@richhabits.net）。

· 我在单独的纸质文件夹中跟踪他们的反馈，随后将数据转移到每个小组的两个大型Excel工作表中。然后，我将这些数据合并到"富有的习惯研究总结"表格中（见下文）。

· 我在16个月的时间里分析了每个小组的回答，并将这些回答分为特定的类别，这些类别包含在我的"富有的习惯研究总结"表格中。

· 在完成初步分析后，我又继续分析了6年的数据。到目前为止，我已经记录了富人组和穷人组有所不同的346个数据点。

· 大多数访谈在美国境内的地理分布如下：50%在东北部，20%在东南部，10%在中西部，其余散布在全国各地。

· 年龄分布如下。

。富人组（233人）：

40—45岁共7人

46—50岁共37人

51—55岁共65人

56—60岁共72人

60岁以上共52人

。白手起家的百万富翁组（233人中的177人）：

40—45岁共2人

46—50岁共31人

51—55岁共43人

56—60岁共49人

60岁以上共52人

。穷人组（73人）：

40—45岁共1人

46—50岁共15人

51—55岁共16人

56—60岁共21人

60岁以上共20人

·富人中4%为非裔美国人，19%为犹太人，77%为高加索人。

·穷人中3%为犹太人，33%为高加索人，64%为非裔美国人。

·在富人组中，有214名男性，14名女性。

·在穷人组中，有114名男性，14名女性。

·在富人组（233人）中，51%是自营企业家或企业主，28%是专业人士，18%是大型上市公司的高级管理人员，3%是从事其他职业的人。

- 在穷人组（128人）中，10%是自营企业家或企业主，其余是雇员。

对于这两组人，我收集了各种数据：他们的职业，出生在富裕、贫困或中产阶级家庭的百分比，消费习惯，学习成绩，教育水平，对财富或贫困的看法，身体健康状况，继承的金钱，赌博习惯，拥有的房产和汽车，阅读习惯，关系管理，储蓄习惯，自我提升习惯，时间管理习惯，信仰，度假习惯，志愿服务习惯，网络习惯，投票习惯，以及与工作相关的数据。

我选择了一种访谈形式，因为我相信它会提供比问卷调查更多定性和定量的数据。

富有的习惯研究总结

	类型	富人	穷人	白手起家
1	自我肯定——每天使用自我肯定的话语	38%	2%	
2	自我肯定——每天使用关联了自我目标的自我肯定话语	33%	0%	
3	成为富人的年龄：40—45岁	3%	0%	1%
4	成为富人的年龄：46—50岁	16%	0%	18%
5	成为富人的年龄：51—55岁	28%	0%	24%
6	成为富人的年龄：56—60岁	31%	0%	28%
7	成为富人的年龄：40岁以下	1%	0%	0%
8	成为富人的年龄：60岁以上	21%	0%	29%
9	认为财富是人生梦想的一个重要部分	94%	20%	100%
10	认为人生梦想就意味着有房产	5%	51%	1%
11	认为不再可能实现人生梦想	2%	87%	0%
12	有拥护者——找到他们或者雇用他们	84%	0%	93%

续表

	类型	富人	穷人	白手起家
13	一生中至少被捕过一次	1%	5%	1%
14	生于中产阶级家庭	45%	27%	59%
15	生于贫困家庭	31%	66%	41%
16	生于富裕家庭	24%	6%	0%
17	汽车——自己给车换机油	6%	8%	8%
18	汽车——开豪车	13%	9%	8%
19	汽车——在过去5年里租过新车	6%	45%	3%
20	汽车——在过去5年里买过新车	33%	12%	12%
21	汽车——在过去5年里买过二手车	44%	25%	55%
22	汽车——如果买得起,今天就会买一辆新车	6%	69%	0%
23	每个月收支平衡	94%	32%	96%
24	信用卡——有逾期欠款	5%	90%	3%
25	信用卡——使用过不止一个信用卡	8%	77%	6%
26	信用卡——欠款超过5000美元	5%	88%	5%
27	信用卡——过去一年有逾期未还记录	0%	67%	
28	信用卡——发生过信用卡欠款转移到新卡代偿	0%	87%	
29	信用分数——知道自己的信用分数	72%	5%	84%
30	认为自己很自律	86%	11%	96%
31	追逐过梦想	61%	3%	82%
32	教育——成绩为A类的学生	21%	7%	14%
33	教育——成绩为B类的学生	41%	19%	40%
34	教育——平均线以下的学生	7%	34%	33%
35	教育——成绩为C类的学生	29%	40%	13%
36	教育——有大学文凭	68%	17%	61%
37	教育——没有支付过大学学费	36%	5%	12%
38	教育——拥有硕士或博士学位	25%	0%	12%
39	教育——支付过大学学费(工作或贷款)	32%	12%	40%

续表

	类型	富人	穷人	白手起家
40	教育——为硕士或博士深造支付过学费（工作或贷款）	21%	0%	7%
41	教育——私立大学	47%	18%	8%
42	教育——私立文法学校	47%	2%	31%
43	教育——工作时兼职上的大学	16%	8%	21%
44	情绪——过去一个月至少有一次没有控制住脾气	19%	43%	7%
45	一生中至少有一次生意失败	27%	2%	34%
46	遵循5：1原则（听5分钟，说1分钟）	55%	0%	62%
47	每周至少会玩一次体育类的赌博	16%	52%	8%
48	赌博——定期玩彩票	6%	77%	4%
49	目标——每天都关注目标	62%	6%	79%
50	目标——专注于去实现某些目标	80%	12%	95%
51	目标——痴迷于至少达成自己的一个目标	64%	9%	82%
52	目标——设定年度目标	67%	5%	85%
53	目标——设定远期目标	70%	3%	92%
54	目标——设定月度目标	63%	3%	80%
55	目标——为了达成生命中的某些目标，花了1年或以上的时间	55%	2%	71%
56	目标——认为愿望跟目标是一回事	3%	53%	1%
57	把目标用笔写下来了	67%	17%	83%
58	认为目标需要身体力行去实现	63%	4%	82%
59	认为政府应做更多的工作来帮助提升人们的财务状况	9%	79%	4%
60	习惯——认为坏习惯带来有害的运气	76%	9%	90%
61	习惯——认为每天的习惯对于在生活中取得经济上的成功至关重要	52%	3%	64%

续表

	类型	富人	穷人	白手起家
62	习惯——从导师（非父母）那里学到了成功的良好习惯（老师或职业导师等等）	24%	3%	28%
63	习惯——从父母那里学到有助于取得成功的良好习惯	75%	6%	68%
64	幸福感——因为婚姻问题不幸福	13%	53%	12%
65	幸福感——感到快乐	82%	2%	85%
66	幸福感——因为子女问题不幸福	5%	24%	3%
67	幸福感——因为财务问题不幸福	0%	98%	0%
68	幸福感——因为身体健康问题不幸福	8%	22%	5%
69	幸福感——因为工作问题不幸福	6%	85%	1%
70	有CPA（注册会计师）证书	100%	2%	100%
71	有意志力	98%	9%	100%
72	有律师	80%	9%	100%
73	有人寿保险——保额是薪酬的5倍或以上	72%	11%	100%
74	健康——每天计算卡路里摄入量	57%	5%	72%
75	健康——每天喝2杯以上的啤酒、红酒或烈酒	16%	54%	18%
76	健康——每周吸毒[1]一次或以上	8%	32%	1%
77	健康——每周吃两次以上的糖果	28%	69%	16%
78	健康——每天垃圾食品摄入低于300千卡	70%	3%	78%
79	健康——每周4天、每天做30分钟的有氧运动	76%	23%	95%
80	健康——一周三次或以上在快餐店吃饭	25%	69%	7%
81	健康——每天用牙线	62%	16%	50%
82	健康——认为好身体对获得金钱上的成功至关重要	85%	13%	95%
83	健康——过去30天至少喝醉过一次	13%	60%	10%

1 这里的吸毒指吸食在美国部分地区合法的大麻。——译者注

续表

	类型	富人	穷人	白手起家
84	健康——有睡眠问题（每天睡眠 7 小时或不足 7 小时）	11%	53%	7%
85	健康——每周至少做 3 天的力量训练	42%	17%	50%
86	健康——超重 30 磅或更多	21%	66%	11%
87	健康——抽烟或抽过烟	21%	46%	14%
88	有健康问题	18%	53%	12%
89	房产——有房贷	16%	39%	18%
90	房产——有属于自己的一套房	100%	39%	100%
91	平均年收入	$344,000	$31,000	$423,100
92	年收入：$160,000—$399,999	26%	0%	31%
93	年收入：$400,000—$599,000	39%	0%	46%
94	年收入：$600,000 或以上	35%	0%	24%
95	从父母或亲戚那里继承了财富	18%	4%	0%
96	互联网——每天上网娱乐消遣的时间不到 1 小时	63%	26%	58%
97	互联网——每天上网娱乐消遣	75%	87%	88%
98	投资——家得宝投资者（精选投资）	19%	0%	23%
99	投资——依赖理财顾问	76%	19%	77%
100	犹太人	25%	11%	21%
101	住在普通的房子里	64%	99%	83%
102	运气——认为好习惯会带来机会运气	84%	4%	97%
103	运气——认为好运气从来不会在自己身上发生	13%	54%	12%
104	运气——认为财富来源于随机的好运	8%	79%	5%
105	会维护一个每日待办事项或优先事项清单	81%	19%	95%
106	婚姻——至少离过一次婚	32%	46%	19%
107	婚姻——已婚	93%	63%	92%
108	会参加大师思维小组（包括贸易团体）	40%	2%	
109	每天冥想（想象）5 分钟或更久	49%	4%	
110	导师——生活中曾有一位导师	24%	2%	19%

061

续表

	类型	富人	穷人	白手起家
111	认为因为有导师,自己才有了财富	93%	0%	92%
112	认为指导他人对于自己取得人生中的成功很重要	68%	11%	83%
113	自己修剪(过)草坪	28%	23%	
114	多线条收入(有至少3个收入来源)	65%	6%	84%
115	多线条收入(有至少4个收入来源)	45%	0%	39%
116	多线条收入(有5个收入来源或者更多)	29%	0%	27%
117	净值	$4,300,000	$ -	$4,825,000
118	净值——大企业晋升者	$3,375,000	$ -	$3,375,000
119	净值——梦想家-企业家	$7,450,000	$ -	$7,450,000
120	净值——销售人员	$5,700,000	$ -	$5,600,500
121	净值——储蓄者-投资者	$3,260,000	$ -	$3,260,000
122	净值——被导师指导过的人	$4,600,000	$ -	$4,425,000
123	净值——技能型大师	$3,980,000	$ -	$3,678,000
124	每个月社交时间5小时或更多	79%	16%	88%
125	午餐时会去拓展人际关系	55%	2%	51%
126	激情——热爱自己的工作	25%	2%	64%
127	通往财富之路——大企业晋升者	9%	0%	18%
128	通往财富之路——梦想家-企业家	3%	1%	51%
129	通往财富之路——储蓄者-投资者	2%	0%	49%
130	通往财富之路——技能型大师	4%	0%	7%
131	为自己的一天做计划	73%	3%	92%
132	会进行正念练习,以克服恐惧及消极想法(使用思维游戏)	63%	6%	94%
133	认为自我推销对取得金钱上的成功很重要	67%	24%	96%
134	阅读——通勤路上会听有声书	63%	5%	66%
135	阅读——喜欢阅读	86%	26%	72%
136	每个月会读至少两本自我教育、自我提升或工作相关的书	85%	15%	77%

续表

	类型	富人	穷人	白手起家
137	每天阅读30分钟（自我教育、提升或工作相关）	88%	2%	96%
138	阅读成功人士的传记	58%	9%	68%
139	阅读时事	94%	11%	93%
140	阅读教育类材料	79%	6%	95%
141	阅读金融类材料（比如《华尔街日报》、《金钱杂志》、Kiplinger 杂志等）	45%	1%	56%
142	会为了消遣而阅读	11%	79%	3%
143	读历史书	51%	16%	50%
144	读自助类书籍	55%	7%	71%
145	每天都会读一些令人深受启发的东西	66%	7%	56%
146	关系——与其他具有成功思维的人往来	86%	4%	93%
147	关系——避开"有毒"的人	86%	1%	90%
148	关系——认为讨人喜欢对于取得金钱上的成功很重要	95%	9%	98%
149	关系——八卦	6%	79%	1%
150	关系——会打电话给他人送上生日祝福	80%	11%	82%
151	关系——会打电话向他人问候	80%	26%	84%
152	关系——会打电话关心他人生活里的大事件	80%	3%	88%
153	关系——人际关系里有钱人占比	78%	17%	62%
154	关系——会主动寻求与具有成功思维的人建立联系	68%	11%	92%
155	关系——不管谁来电，都会立即回电	86%	26%	96%
156	关系——在过去一个月说了让自己后悔的话	12%	34%	18%
157	关系——脑子里有什么说什么	6%	69%	2%
158	关系——经常会为了表达谢意送出卡片、留言或发邮件	75%	13%	77%
159	关系——认为幽默对于取得成功很重要	45%	11%	55%

续表

	类型	富人	穷人	白手起家
160	认为权力关系对于取得金钱上的成功至关重要	88%	17%	95%
161	关系——在大学里是兄弟会或姐妹会的成员	32%	6%	48%
162	存钱——认为总是能存到钱的	85%	2%	49%
163	会为子女或孙辈读大学而存钱	86%	9%	84%
164	会为退休存钱	100%	19%	100%
165	存钱对于取得金钱上的成功非常关键	88%	52%	49%
166	存钱——会将净收入的 10% 或更多存起来，或曾经这样做过	100%	5%	100%
167	存钱——会将净收入的 20% 或更多存起来，或曾经这样做过	94%	0%	49%
168	会描绘出理想生活的样子（梦想设定）	61%	5%	68%
169	自我提升——一年中会进入学校进行半脱产学习	8%	3%	0%
170	自我提升——喜欢学习新东西（持续自我提升或教育）	86%	5%	85%
171	自我提升——在与行业有关的团体里发言	12%	0%	14%
172	自我提升——参与演讲活动	23%	0%	28%
173	自我提升——兼职做讲师教他人	8%	1%	0%
174	自我提升——技术类写作	38%	0%	22%
175	自我提升——会努力提升词汇量	54%	4%	49%
176	自我提升——为行业期刊或博客撰文	18%	0%	16%
177	自我提升——写过一本书	3%	0%	1%
178	每周陪伴家人的时间达 20 小时	45%	42%	38%
179	消费——每年都会为支出做预算	17%	7%	0%
180	消费——量入为出	67%	34%	72%
181	消费——会在慈善商店买东西	8%	12%	10%
182	消费——购买食物会使用优惠券	30%	32%	35%
183	电视——会看知识普及类电视节目	9%	1%	7%

续表

	类型	富人	穷人	白手起家
184	电视——在电视上看真人秀节目	6%	78%	2%
185	电视——每天花在看电视的时间是1小时或更少	67%	23%	78%
186	思维——认为命运决定了他们生活中的财务状况	10%	90%	2%
187	思维——认为自己会取得金钱上的成功	43%	13%	53%
188	思维——认为创意对于取得金钱上的成功很关键	75%	11%	68%
189	思维——认为基因对于能否发家致富很重要	6%	80%	8%
190	思维——认为自己的财务现状是自己导致的	79%	18%	100%
191	思维——认为天赋异禀的智商对于取得金钱上的成功至关重要	10%	87%	6%
192	思维——认为财富的创造过程中会有欺骗行为	15%	77%	5%
193	思维——每天冥想	17%	2%	
194	思维——认为大部分富人的钱是继承所得	5%	90%	0%
195	思维——认为乐观对于取得成功很重要	54%	22%	67%
196	思维——认为富人是善良、正直、勤劳的人	78%	5%	85%
197	思维——认为财富的到来通常是因为意外	4%	52%	0%
198	思维——每天或者经常表达自己的感恩	71%	2%	62%
199	待办事项清单——每天完成70%或更多的待办事项	67%	6%	45%
200	在寻找财富的过程中冒过一次险	63%	6%	81%
201	会雇用理财顾问	95%	2%	96%
202	每个月参与（过）志愿活动的时间在5小时或更多	72%	12%	68%
203	经常参与投票	83%	16%	94%
204	工作日至少提前3小时醒来（过）	44%	3%	58%
205	认为富人很慈善	62%	0%	75%
206	认为富人很节俭	60%	3%	78%

续表

	类型	富人	穷人	白手起家
207	认为富人很贪婪	3%	90%	6%
208	认为富人应该交更多的税	3%	87%	2%
209	工作——工作需要频繁坐飞机出差	25%	0%	27%
210	工作——会做超出工作范围的事	81%	17%	94%
211	工作——曾有一位全职工作的配偶或伴侣	27%	47%	33%
212	工作——是或者曾经是公司的CEO或其他高管	18%	0%	23%
213	工作——是或者曾经是建筑工人	5%	11%	7%
214	工作——是或曾经是某个领域的专业人员	28%	2%	27%
215	工作——是或曾经是销售人员	13%	3%	22%
216	工作——是或曾经是小企业主	51%	8%	61%
217	工作——是或曾经是老师	1%	3%	0%
218	工作——是或曾经是工会会员	1%	7%	0%
219	工作——一生中被动失业三次或更多	9%	74%	10%
220	工作——喜欢或喜欢过自己的工作	86%	4%	79%
221	工作——热爱自己的工作（=主要目标）	7%	0%	21%
222	工作——认为薪水不够高	11%	94%	0%
223	工作——拥有（过）自己的公司或所工作的公司的股份	60%	9%	74%
224	工作——过去一年中请病假超过5次	12%	46%	6%
225	工作——已经开始着手创建副业	8%	1%	38%
226	工作——是或者曾经是决策者	91%	2%	98%
227	工作态度——自己边工作边挣钱付费读完大学	56%	45%	50%
228	每周工作时间至少50小时，或出现过这样的情况	86%	43%	90%
229	如果买得起一栋新房，今天就会买	6%	78%	2%

第 7 节

关于财富的八个误区

如果你像我一样,在一个将富人视为邪恶、贪婪、剥削非富人者的家庭中长大,那么你必须将自己从这种非常有局限性的消极信念中解脱出来。这不全都是真的。有一部分富人是善良、勤奋的人,他们非常关心他们的家庭和社区。他们的关心程度之高,使得他们贡献了大量的时间和金钱来改善他们核心圈子里的人的生活。以下是一些由家人、朋友、媒体、教育系统、政客和其他人硬塞给年轻人的误解。这些观念中,有些延续下来是因为无知,有些延续下来则是有人有意为之。

○ 误解一:富人的钱是继承来的

"老钱"。这就是我在成长过程中经常听到的。富人之所以富有,是因为有老钱。

天啊，这真是一个误解！

在我的研究中，76% 的富人没有继承任何东西。没有，没有，没有。他们是靠自己起家的。在这 76% 的白手起家的百万富翁中，31% 来自贫困家庭，45% 来自中产阶级家庭。年度财富 X 调查以及其他研究、报道或调查似乎将白手起家的百万富翁的比例定为 75%—84%，具体取决于研究、报道或调查是在哪一年进行的。

在我的研究中，只有 24% 的富人是在富裕家庭长大并通过继承得到他们的财富的。绝大多数富人都是白手起家的。顺便说一句，这是一件非常好的事情，因为这意味着任何人都可以成为富人。

○ 误解二：富人不必努力工作

根据我的富有的习惯研究，富人积累如此多财富的原因之一是他们比不富有的人工作时间更长。这里有一些数据：

· 44% 的富人每周比穷人多工作 11 小时。

· 86% 的有全职工作的富人每周工作 50 小时或者更长时间，而 57% 的有全职工作的穷人每周工作不到 50 小时。

· 88% 的富人比穷人请病假少。

· 79% 的富人，除了延长工作时间外，每月有 5 小时或更长时间的社交活动。其中 55% 的人脉拓展是在早上、午餐时间或下班后进行的。大多数富人更喜欢通过他们参与的各种慈善机构来建立人脉网络。

· 65% 的富人工作时间如此之长，部分原因是他们有至少 3 个收入来源需要管理。只有 6% 的穷人拥有 1 个以上的收入来源。

· 67% 的富人每天看电视不到 1 小时，而 77% 的穷人每天看电视超过 1 小时。

· 63% 的富人每天在互联网上用于娱乐的时间不到 1 小时。74% 的穷人每天花在互联网上的娱乐时间超过 1 小时。

我最初认为，富人和穷人之间的这种工作时长差异，是由于在我的研究中，91% 的富人是决策者，这意味着有更多的责任，因此会有更多的工作时间。

但事实并非如此。

根据人口普查局的数据，普通富裕家庭（美国国税局定义为美国收入最高的那 20% 的家庭）的工作时间是普通贫困家庭的 5 倍。原因何在？单亲家庭和贫困家庭失业率比较高。

○ 误解三：富人缴纳的所得税比其他人少

根据美国国税局的数据，美国收入最高的 1% 的人缴纳的个人所得税税率为 22.83%，而美国收入最高的 50% 的人缴纳的个人所得税税率为 14.33%。美国收入最低的 50% 的人的个人所得税税率只有 3%。美国收入最高的 1% 的人支付了美国国税局征收的全部个人所得税的 45.7%。1% 的人为另外 99% 的人承担了美国近 46% 的税款。

如果有人能证明我们的税收制度是不公平的，那就是富人。至少在美国，他们承受了太多的税收负担。

○ 误解四：富人之所以富有，只是因为他们运气好

在我的研究中，只有 8% 的白手起家的百万富翁表示，他们的财富积累是因为愚蠢的运气。但有趣的是，其余 92% 的人确实承认运气对财富积累至关重要。然而，这是一种不同类型的运气，我给它起了一个名字——"机会运气"。我将在下一节中讨论"运气"。

○ 误解五：富人受教育程度更高

在我的研究中，36% 的白手起家的百万富翁从未获得过学士学位。

在那些获得学士学位的人中，46% 的人自费上大学，23% 的人在工作期间兼职上大学。

白手起家的百万富翁就读的大多数大学都是普通的、多数人负担得起学费的大学。

○ 误解六：富人不慈善，讨厌穷人

我从小就相信，富人是自私的，对金钱很贪婪。我从小就相信，富人鄙视穷人。

这两点都是错的。

在我的富有的习惯研究中，62% 的富人表示，他们经常将净收入

的10%或更多捐赠给慈善机构。他们支持的慈善机构包括当地的社区食品银行、无家可归者收容所、基于经济状况的奖学金计划和惠及贫困儿童的公益组织。

而且他们并没有止步于此。

72%的人每月为一些慈善机构志愿服务5小时或更长时间。他们的志愿者工作包括通过董事会成员或作为各个委员会的成员帮助经营慈善机构。

○ 误解七：金钱买不到幸福

在成长过程中，我肯定听妈妈说过无数次这样的话。我就是认为有钱人是很惨的人。

这是另一个误解。

在我的研究中，82%的富人说他们很快乐。这些人中，94%的人说他们快乐，是因为他们喜欢或热爱他们所做的事情。

○ 误解八：富人的生活方式很奢侈

每当我想到富人奢侈的生活方式时，我都会想到私人飞机、游艇、豪华度假、昂贵的汽车等。

我又错了。

在我的研究中，大多数富人尽管富有，但过着适度的中产阶级生活。

幸运的是，我收集了大量关于富人消费习惯的数据。以下是其中一些数据：

· 67% 的人表示他们节俭用钱。

· 8% 的人仍在慈善折扣商店购物。

· 30% 的人会使用优惠券。

· 55% 的富人每年用于度假的费用低于 6000 美元。而这 55% 的人中，大多数人每年的度假花费平均为 3000 美元。只有 23% 的人承认在他们的年度假期上花费了 1 万美元或者更多。这 23% 的人中大多数是继承了他人财富的百万富翁。

· 87% 的人表示，他们一生中从未购买过新的豪华车。

· 44% 的人表示他们每五年购买一辆二手车。

讨厌富人很容易。大多数人在贫穷家庭或中产阶级家庭中长大，太多人被灌输了富人是腐败、邪恶的人的观点。而媒体出于某种原因，每当富人，比如伯尼·麦道夫等做了卑鄙的事情时就对其大加挞伐。但真正的问题在于父母、公立学校系统和政客，他们抨击富人的腐败和贪婪。父母这样做是出于无知，我试图通过我的研究、我的书、我的博客和我的媒体采访来纠正这一点。公立学校系统和政客抨击富人，是因为他们有各自的目的。公立学校系统的目的是将孩子培养成工人阶级雇员——工蜂。政客的目的是通过提高税收来压榨富人，然后利用他们从富人那里收取的钱，通过不足为道、无效的福利计划对穷人行使权力。政客们需要穷人。他们能让越多的穷人依赖政府，他们被这些依赖政府的穷人重新选举的概率就越大。

你认为抨击富人会向下一代传递什么样的信息？这是在教导他们，追求财富是一件坏事。事实上，富人之所以富有是有很多原因的。而这些原因大多与以下因素有关：选择正确的道路来积累财富、努力工作、坚持不懈、冒险去接受教育、良好的习惯、良好的决策、量入为出，以及与那些打一个电话就能打开机会大门的有影响力的人建立牢固而强大的关系。

第 8 节

富人富有只是因为幸运吗？

许多不富有的人认为他们之所以不富有是因为没有"好运气"或只是不"幸运"。他们认为，要想成为富人，需要好运气。那么，好运气对于获得成功重要吗？答案取决于走哪条积累财富的道路。对大公司晋升阶梯上的晋升者和企业家来说，运气是致富的一个重要因素。对储蓄者-投资者和技能型大师来说，运气是一个非重要因素。在我的研究中，几乎每个作为大公司的职场晋升者或企业家来追求财富的人都表示，运气是积累财富的一个重要因素。但他们所说的好运气是一种独特的运气。一个你在家里、学校或工作中从未被教过的东西。

让我们来层层抽丝剥茧，以便更好地了解运气。运气有四种类型。

第一种运气是"随机好运气"。这是一种我们无法控制的好运气，就像中彩票或获得意想不到的遗产一样。

第二种运气是"随机坏运气"。就像随机好运气一样，我们也无法控制这一点。创造这种运气的事件在很大程度上是我们无法控制的。例子包括得病、被闪电击中、一棵树倒在你家房子上等。

第三种运气是"机会运气"。这是良好日常习惯的副产品，是好运气。把机会运气想象成一个苹果园。你准备好土地，种下苹果种子，并在树木生长过程中辛勤培育它们。一段时间后，苹果树开花结果。这个果实是你在很长一段时间内做你需要做的事情的副产品。苹果代表着机会运气——它们是拥有某些好习惯所创造的果实，这些习惯让大公司的晋升者和企业家自动走向成功。

成功人士为了让机会运气在他们的生活中体现出来，长期做一些必要的事情。他们每天生活在富有的习惯中。富有的习惯就像一块磁铁，吸引着机会运气。他们让成功自然地到来。

第四种运气是"有害运气"。有害运气是机会运气的邪恶双胞胎。不成功的人有不良习惯，或者我所说的"差劲的习惯"。就像富有的习惯一样，不良习惯也是种子。它们会生根发芽，不断成长，直到它们也结出果实。遗憾的是，不良习惯所孕育的坏果实最终会表现为有害运气。这种有害运气可能是失业、投资损失、面临止赎、离婚、疾病或类似的事情。

为了成为大公司的晋升者或企业家而致富，你需要吸引正确的运气。培养"富有的习惯"可以保证你会吸引机会运气。机会将会出现，似乎是凭空出现的。就像唾手可得的果实一样，你所要做的就是伸手去摘它。

第 9 节

富有的习惯

○ 富有的习惯概要

1. 我会养成良好的日常习惯,并每天遵循这些良好的日常习惯。

2. 我会界定我的梦想,然后围绕每个梦想制订目标。我每天都会专注于我的梦想目标的实现。

3. 我每天至少花 30 分钟来增加我的知识、提高我的技能。我每天都会对自己进行投资。

4. 我每天会花 30 分钟锻炼身体。我每天都会吃得健康。

5. 我将寻求与其他有成功意识的人建立牢固的关系。

6. 我将每天生活在适度的状态中。

7. 我每天都会朝着我的目标采取行动。

8. 我每天都会积极地进行思考。

9. 我会把我收入的 10% 或更多进行储蓄和投资。

10. 我每天都会管理自己的言语和情绪。

11. 我会做我喜欢或热爱的工作。

12. 我永远不会放弃我的梦想。

13. 我将只接受积极的信念，消除所有消极的信念。

14. 我会寻找成功的导师。

15. 我每天都会专注于我的梦想和目标。我不会让自己从我的梦想和目标中分心。

16. 我只会设定好目标，避免坏目标。

17. 我会在追求我的梦想和目标的过程中承担经过衡量的风险。

18. 我会每天保持耐心。

19. 我会努力超越别人的期望。

20. 我会创造多种收入来源。

21. 我会利用杠杆的力量帮助我实现目标，实现梦想。

22. 我不会让恐惧或怀疑阻止我为自己的目标和梦想采取行动。

23. 我会寻求他人的反馈。

24. 我会主动提出我想要什么或者我需要什么。

25. 我会针对自己的情况制作"禁忌事项清单"，并每天遵循它。

26. 我会提出问题，以便向他人学习。

27. 我将努力为他人的生活增加价值。

28. 我会养成创造幸福的习惯。

29. 我会训练他人对待我的方式。

30. 我会找到拥护者来帮助我实现我的目标和梦想。

○ 富有的习惯之一

我会养成良好的日常习惯，并每天遵循这些良好的日常习惯。

良好的日常习惯是成功的基础。成功人士与不成功人士的日常习惯不同。成功人士有很多好的日常习惯、为数不多的坏的日常习惯。不成功的人有很多坏的日常习惯、为数不多的好的日常习惯。成功的秘密之所以是一个秘密，是因为即使是富有的人也不知道他们拥有的习惯是促成他们在生活中取得成功的原因。这就是为什么挖掘成功的原因一直很困难。直到现在都是如此。

没有人会真正成功，除非他们意识到自己的长处和短处。改进自我需要自我评估，自我评估需要自我意识。为了确定哪些习惯正在帮助或伤害你，你必须首先意识到你拥有哪些习惯。只有你确定了你所有的习惯，你才能确定它们是好习惯还是坏习惯。

在三个工作日里，我希望你随身携带一小张纸，写下每一个活动、想法、决定或情绪。你知道，一项活动、想法、决定或情绪就是一种日常习惯，因为通过这个练习，你会发现自己每天都在重复它。你不需要把习惯添加到你的记事本中，因为它从前一天开始就已经在那里了。一旦你有了所有习惯的完整清单，下一步就是在每个习惯旁边加上一个加号（+）或减号（–）。加号代表好习惯，减号代表坏习惯。对你的习惯进行评级后，现在我们进入下一个步骤：把你的坏习惯转化为好习惯。

在一张纸上，分成两列。在第一列下列出你的日常坏习惯。然后，我要你把你的每一个日常坏习惯倒过来，在第二列下列出它们的对立面，我将把它们称为你的新的日常好习惯。

日常坏习惯	日常好习惯
我看太多电视了。	我限制自己每天看1小时电视。
我不经常运动。	我每天锻炼30分钟。
我不注意自己的饮食。	我每天摄入的热量不超过××××卡路里。
我不做与工作相关的阅读。	我每天阅读30分钟用于学习。
我有拖延症。	我每天都会完成我的待办事项清单。
我浪费了太多时间。	我今天没有浪费时间。
我抽烟。	我今天不抽烟了。
我不会马上回电话。	我今天会回每一个电话。
我不记得别人的名字。	我写下别人的名字并记住它们。
我忘记了重要的日子。	我知道其他人的重要日子。

在30天内遵循你的新的日常好习惯。在早上、中午和睡前各复习一次。每天检查一下你遵循了哪些习惯。这就迫使你承担起责任。这里的目标是每天尽可能多地遵循你的新的日常好习惯。我的经验是，如果我能够遵循30%的新的日常好习惯，那就是美好的一天。

日常好习惯工作周检查表（示例）：

1. 我今天为我的工作、我的生意或我正在追求的一些梦想或目标阅读并学到了一些新东西。

2. 我今天锻炼了30分钟。

3. 我今天完成了我清单上80%的待办事项。

4. 我今天给至少一个潜在客户打了电话。

5. 我今天没有浪费时间。

6. 我今天做了一件事，在某些方面提高了自己。

7. 我今天阻止了自己去说一些讽刺的话。

8. 我今天阻止了自己去说一些不恰当的话。

9. 今天当我意识到自己说得太多时，我阻止了自己说话。

10. 我今天吃的东西热量不超过 2000 千卡。

11. 我今天只喝了两杯啤酒。

12. 我今天工作的时间比规定的时间多了 30 分钟。

13. 我今天给一个人打了电话，只是为了打个招呼。

14. 我给所有我认识的今天过生日的人打了电话，祝他们生日快乐。

总结：

成功的人通过养成良好的习惯来使成功自然而来。这些好习惯还会消除阻碍成功的坏习惯。这是第一个富有的习惯，也是最重要的富有的习惯，因为它为我将与你分享的其他富有的习惯奠定了基础。

○ 富有的习惯之二

我会界定我的梦想，然后围绕每个梦想制订目标。我每天都会专注于我的梦想目标的实现。

梦想设定

你以前可能从未听说过"梦想设定"。梦想设定是实现你梦想的起点。通过梦想设定，你可以实现你所有的梦想，创造你的梦想生活。你的生活在很大程度上是一个建筑项目。这其实是一个简单的两步走的过程：

1. 为你的理想生活绘制蓝图。
2. 构建你的生活。

看起来很简单，不是吗？你人生蓝图的组成部分是构成完美生活的所有东西：你想拥有的工作、你想居住的地方、你想与之共度终生的伴侣、你想去的地方、你想积累的财富等等。这些都被称为梦想。你通过界定你所有的梦想来着手建立你的理想生活，这些梦想结合在一起就构成了你生活的蓝图。

你的目标就是你的施工团队。你需要界定所有的目标，以实现你所有的梦想。你围绕每个梦想设计你的目标。根据我的富有的习惯研究，实现一个梦想通常需要实现四个或更多目标。当你完成了每个梦想所需要的所有目标后，你的每一个梦想就会实现。

"梦想设定"为"目标设定"的过程奠定了基础。让我解释一下这三个步骤。

梦想设定的具体过程如下。

1. 第一步——创建剧本：问问自己，未来五年、十年或二十年后你希望拥有的理想生活是怎样的。然后写下你未来理想生活的每一个细节。细节要非常具体：你的收入、你住的房子、你拥有的船、你开的车、你的积蓄等等。写1000字就可以了。

2. 第二步——把你在剧本中找到的每个梦想一一列出来：利用你对未来理想生活的这一详细描述，列出你要创造自己的理想生活所必须实现的每一个梦想。这些会是你获得的收入、你住的房子、你自己的船等等。你需要实现无数的梦想才能过上你理想的生活。每个梦想都像梯子上的一个阶梯。当你实现每一个梦想时，它就把你带到梯子上的另一个阶梯。当你到达阶梯的顶端时，你就会知道那是什么样子，因为那就是你过上自己梦寐以求的生活的那一刻。

3. 第三步——围绕每个梦想制订目标。要围绕每个梦想建立目标，你需要问自己两个问题。

·为了实现每一个梦想，我需要做什么，我需要从事什么活动？

·我是否具备追求每个目标所需的必要知识和技能？

如果对第二点的回答是肯定的，那么这些活动就代表你的目标。

目标不是什么神秘的东西。目标不像梦想那样宽泛。许多人未能实现目标的原因之一是他们缺乏追求目标所需的知识和技能。他们身边的人告诉他们，他们所追求的东西是目标，但实际上这些是梦想。梦想是宽泛的，与目标有很大的不同。只有当具备以下两个要素时，它才算是目标。

1. 行动。

2. 百分之百可实现。

如果你不具备知识和技能来进行实现目标所需的行动，你就不能也不会实现目标。这就是许多人未能实现其生活目标的首要原因。他们缺乏知识或技能，无法采取必要的行动来完成目标。

梦想是宽泛的，比如每年赚 10 万美元、买房或者攒 5 万美元。这些都是梦想。目标是你为了实现每个梦想而必须采取的行动步骤。

举个例子，假设你的梦想是攒 5 万美元。现在你梦想背后的目标是什么？你的目标可能是在 50 个月的时间里持续每月存 1000 美元。这个攒 5 万美元的梦想可能还需要另一个目标：每月减少 1000 美元的支出，这样就可以每月存下这1000美元。一旦你了解了目标是什么，知道自己必须做什么，并拥有做你必须做的事情的知识和技能，你就可以百分之百实现你所有的目标。

让我们来总结一下这个过程：

1. 描绘出你未来理想的生活——用1000字或更多的字数描绘你的理想生活。假装你在十年后写日记。描述你未来理想的、完美的生活。然后描述你为创造这种妙不可言的生活所做的事情。你实现了哪些梦想？你实现了什么目标？你取得了哪些成就？

2. 列出每一个梦想——明确每个必须实现的梦想，以便拥有你理想的未来生活。

3. 确定你的目标——围绕你的每一个梦想建立具体的目标。通常情况下，围绕每个梦想都需要建立和实现四个或更多的目标。

4. 采取行动——追求并实现会让每个梦想成真的每一个具体目标。

然后，为每一个梦想重复这一"梦想设定"的过程。当你实现了你的每一个梦想时，你未来的理想生活就会成为你的现实生活。

养成与目标相关的日常习惯

在每一天开始之前，制订一份每日待办事项清单。在这份待办事项清单上，自动填入每日行动步骤，这些步骤将帮助推动你朝着实现每一个目标的方向前进，而且在目标实现的时候，让你离实现你的每一个梦想更近一步。

有些梦想可能有四个或更多需要实现的目标。有些目标可能有多个必须完成的行动项目。明确这些行动项目，并自动将它们转化到你的"目标待办事项清单"中。设置一个具体的时间来处理每个与目标相关的行动项目。成功人士喜欢在一天中规划出时间来关注这些目标。通常这个时间是在清晨,这是他们最不容易分心的时候。在白天,画掉每个已完成的目标相关行动项目,并祝贺自己取得这一成就。在一天结束的时候,评估你的"目标待办事项清单"。你完成了多少项?把它们一一勾出来。这将迫使你承担责任。你的"目标待办事项清单"就会成为你的责任伙伴。

要实现每日目标,一种有用的策略是每天为每个"与目标相关的习惯"留出时间。

每日目标习惯

	具体习惯	时间
1	清晨时间阅读技术性的内容,或为手头的项目而工作	6:00a.m.—6:30a.m.
2	检查语音信箱和邮件	8:30a.m.
3	今天给一个人打电话,只是问候一下	9:00a.m.
4	拨打电话,或发送邮件,祝他人生日快乐	9:00a.m.
5	给潜在客户打电话	9:30a.m.
6	完成未了结的寿险申请	10:00a.m.
7	跟进没有结束的案件	11:00a.m.
8	客户会议	1:00p.m.—5:00p.m.
9	回复所有电话	5:00p.m.
10	给潜在客户打电话	5:30p.m.—6:30p.m.

建立月度目标

每月目标实际上只不过是一张记分卡。它会告诉你,你的每日目标是否能够起作用。例如,如果你想在未来50个月的时间存下5万美元，那么你的月度目标就是在月底之前存下1000美元。它实现了吗？没有吗？好吧，为什么没有？是时候进行调整了。也许你需要削减更多开支？也许你需要增加工作时间来赚取更多收入？

你的每日目标在一个月内的实现情况直接关系到你的月度目标。

建立本年度目标

用于月度目标的流程的原则和逻辑同样适用于本年度目标的相关流程。你的本年度目标不过是一张记分卡。你今年有没有为你攒5万美元的梦想存下12000美元？如果没有，问题不在于你的本年度目标。问题出在你没有实现你的月度目标。未能实现你的月度目标是一个危险信号，说明实现每日目标的过程中出了问题。正是月度目标阶段发出了一个危险信号——你需要调整，需要改变你在每日目标层面上所做的一些事情。你当前的年度目标只不过是一面镜子，反映了你每天采取的行动实际是否奏效。

梦想设定或目标设定过程示例如下。

梦想：今年我会通过注册会计师考试。

每日目标：在接下来的六个月里，我将每天学习60分钟。

每月目标：我有两个月度目标。

月度目标1——学习60小时。

月度目标2——在我本月参加的练习考试中取得80分的成绩。

现在假设在月底，每一个练习测试你都没有通过。这意味着什么呢？这是一个信号，表明是时候调整了。你可能需要增加你每个工作日投入的时间，或增加你周末学习的时长。月度目标未实现＝危险信号。月度目标的完成情况告诉你，你要么在按部就班地走在正轨上，

085

要么偏离计划不在正轨上了。

长期目标

长期目标是变相的梦想。你无法获得一个梦想。你只有通过实现你每日的目标、每月的目标和当年目标才能实现一个梦想。目标是通往实现梦想的路。它们是梦想的施工队。对某些人来说，这可能会令人不舒服，但我猜测包括你在内的大多数人会如释重负。之所以会松一口气，是因为你并不是一个屡次无法实现自己长期目标的失败者。你一直在失败，是因为关于什么算是一个目标，别人给了你错误的定义。因此，让我澄清一下目标的定义：

只有当一个目标具备以下两点的情况下，它才是一个目标：1. 行动；2. 百分之百可实现，即你拥有知识和技能来完成所需的行动。

如果你可以进行这项活动，唯一阻碍你的就是是否采取行动。一个能够帮你持续关注自己梦想的实用技巧就是使用愿景板。愿景板是你每一个梦想在现实中的呈现。这可能是你想要买的房子的照片，你希望有一天拥有的公司的图片，或者你希望有一天退休后生活的地方的类似图片。喜剧演员金·凯瑞在成名之前，给自己开了一张1000万美元的支票，并把这张支票放在一个他每天都能看到的地方。那张支票代表了他梦想的愿景板——从一部电影获得1000万美元的报酬。当有机会在一部电影中担任主角时，你猜吉姆·凯瑞要求的酬金是多少？1000万美元。而且，他拿到了！

成功人士围绕自己的梦想建立目标。他们是长远的思考者，不断展望未来，展望他们理想的未来生活，努力确定他们在实现目标的过程中所处的位置。当他们采取的行动没有让他们更接近实现自己的目标时,他们会不断调整并纠正路线。

不成功的人要么没有明确自己的梦想,要么因成功没有在一夜之间到来而放弃了自己的梦想。那些没有任何梦想的人是不以目标为导向的。他们就像秋日里的树叶,漫无目的地飘浮在空中,没有方向。他们允许日常生活的干扰因素去影响他们实现有意义的目标的能力。他们允许自己轻而易举被那些与创造理想生活无关的事情分散注意力。他们没有追求任何梦想或任何重要的生活目标,所以他们没有目标可以关注。

少数真正追求梦想的不成功者,在遇到困难的时候就放弃了。然后,他们把注意力转移到下一件吸引他们眼球的事情上。当成功不是立竿见影,钱也来得很辛苦的时候,他们就从一个企业跳到另一个企业。你已经在你周围看到了这类不成功的人。每年,他们都痴迷于能让他们赚大钱的新事物,如成为出版作家、开发手机应用程序、制作YouTube(优兔)视频,或是成为房地产投资者、商业教练、培训师、财务规划师、发明家等。我称之为"闪亮物体综合征"。"闪亮物体综合征"让个人无法在生活中取得成功,因为他们缺乏专注、耐心和毅力。这三种习惯是成功的先决条件。这种弊病使他们无法发展必要的技能和知识,这些技能和知识本可以使他们功成名就。

总结:
成功人士会设定梦想,然后围绕他们的每一个梦想建立目标。

○ 富有的习惯之三

我每天至少花 30 分钟来增加我的知识、提高我的技能。我每天都会对自己进行投资。

成功人士每天都在进行自我提升。在大多数情况下，这包括阅读或打磨他们的技能。他们阅读与自己的工作、业务、正在追求的梦想或梦想背后的目标相关的任何东西。他们对所在行业、专业、贸易或利基市场保持强烈的兴趣，关注最新动向。他们不会把时间浪费在看电视、看电影或上网等事情上。

每天，成功人士都会投入大量时间，通过学习能在某种程度上提高自己的专业知识或练习某种技能来改善自己。这种日常习惯最终将他们转变为各自领域的专家。成功人士将时间视为他们拥有的最宝贵的资产。他们将自己的梦想和目标与每日自我提升协调起来。这可能是获得一个新的资格证、学位或开发一个新的利基市场。他们不断练习，以提高自己的技能。

知识和学习是成功的基础和起点。我们不可能无所不知，不可能是万事通。因此，你必须将学习重点放在特定领域，这些领域将因你投入学习时间而带来最大的回报。让我们来谈谈这些特定领域：

1. 工作——了解有关你工作的一切。

2. 公司——了解有关你公司的一切。

3. 行业——了解你所在行业的一切。

4. 业务——了解有关你所做业务的一切。

5. 梦想——了解有关你正在追求的梦想的一切。

6. 利基——在一个特定领域成为专家。

7. 重要关系人——了解对你的生活、职业、生意或梦想很重要的人的一切。

不成功的人不了解他们所在的行业、专业或贸易领域，也没有兴趣。他们不通过每日练习来完善一项技能。他们不经常关注他们的行业。他们不经常阅读行业期刊。他们宁愿每天花几个小时看电视、看闲书或上网。他们用各种理由来将自己疏于上进的状态合理化。

自我提升包括每天进行一些能够改善自己思维、扩展自己知识或打磨自己技能的活动。在你的工作、公司、行业、利基、生意或你追求的一些梦想中，扩展知识是一项你必须进行的自我提升活动。这可以通过抽出时间阅读行业期刊、行业相关书籍、有关成功人士的书籍来实现，也可以通过获得更多的资格证书、打磨各种技能或为你的生意创造新的利基来推动职业发展来实现。针对特定职业的自我提升很有必要，能够提升知识或技能，有助于抓住机会。你会注意到，随着你知识库存的增长，或随着你技能的提高，机会会开始自己出现。

你可以选择一个干扰较少的时间预留出来做这件事。有时是清晨，在正常工作的一天开启之前是有可能安排出时间的。每天至少为这些活动留出 30 分钟时间。每天 30 分钟可能看起来不多，但随着时间的推移，这会累积带来巨大的自我提升。无论一天中哪个时间段最适合你，都要每天去提升自我，不要被干扰。

总结：
成功人士每天至少花 30 分钟来学习，提高他们的技能。

○ 富有的习惯之四

我每天会花 30 分钟锻炼身体。我每天都会吃得健康。

成功人士每天都通力合作，合理饮食和锻炼。他们不仅管理自己吃什么，还管理自己吃多少。成功人士不会暴饮暴食或在吃喝上过度放纵。即使他们不慎疏忽了，他们的放纵也是有节制的，这种情况顶多算不经常发生的事，而不是经常发生的事，例如节日聚餐或聚会。

对成功人士来说，锻炼是每天的常规事务，就像刷牙一样。他们明白，每天锻炼可以改善他们的身心。日常锻炼有很多好处。让我们来捋一捋。

· 运动可以改善心理功能。运动，尤其是有氧运动，使血液中充满氧气。血液中的氧气最终会进入大脑。氧气的用途之一是充当海绵，吸收每个细胞内的废物（自由基）。大脑的氧气消耗量占我们身体氧气储备的 20%，因此提高进入大脑的氧气流量会吸收脑细胞内更多的废物，使它们更干净，更健康。事实证明，每天进行 20 到 30 分钟的有氧运动可以刺激每个脑细胞上轴突分支的生长。你拥有的轴突分支的数量与你的智力程度直接相关。因此，有氧运动会使你更聪明，增加神经发生（新脑细胞的生长）并产生新的突触（相互交流的脑细胞）。运动通过增加进入齿状回的血流量来做到这一点。齿状回是我们大脑海马体的一部分，海马体是参与记忆形成和神经发生的区域。因此，运动会促进新的和现有的脑细胞生长，增加大脑内部突触的数量。运动还会刺激 BDNF 的产生。BDNF 是我们大脑内神经元的美乐棵，它让神经元长得更大，更健康。

- 运动可以改善健康并提高你的生产力。有氧运动可以增加血液流量，为身体提供氧气并增强心脏功能。负重的有氧运动，如步行、慢跑或快跑，可降低患骨质疏松症的风险。有氧运动有助于降低血压和控制血糖。如果你有过一次心脏病发作，有氧运动有助于防止以后的发作。有氧运动可以提高你的高密度脂蛋白胆固醇，降低你的低密度脂蛋白胆固醇。其结果是什么？减少斑块在你的动脉中的堆积。研究表明，定期参加有氧运动的人比不经常运动的人寿命更长。正如我前面提到的，氧气的作用就像海绵一样。它吸收每个细胞内的废物，并将这些废物转化为二氧化碳。血液将这种二氧化碳带到肺部，然后肺部将二氧化碳呼出到环境中，将其从我们的身体中排出。做有氧运动可以降低许多疾病的患病风险，包括肥胖、心脏病、高血压、2型糖尿病、中风和某些类型的癌症。更健康的人疾病更少，请的病假更少，精力更充沛，这在工作中会转化为更高的生产力。更高的生产力让你对公司和客户更有价值，从而得到更多的钱。
- 运动可以减少压力的影响。当我们感到压力时，在我们的体内会发生生理学的多米诺骨牌效应。思考消极的事情会产生压力。当身体检测到压力时，下丘脑会增加肾上腺素和去甲肾上腺素的释放量。这些激素使心脏跳动得更快，并让身体为或战或逃做好准备。如果压力持续存在，10号染色体上的一个叫作CYP17的基因就会被激活。该基因开始工作，将胆固醇转化为皮质醇。皮质醇作用于身体的几乎每个部位，其目的是整合身体和心理。然后，身体和心理和谐地工作，以逃避带来压力的外部世界的危险。遗憾的是，皮质醇的副作用之一是，它通过减少淋巴细胞（白细胞）的产生来抑制免疫系统。基因CYP17还打开了叫作TCF的另一个基因，该基因抑制了一种被称为白细胞介素 2 的蛋白质的产生。白细胞介素 2 的作用是使白细胞处于高度警戒状态。白细胞是我们抵御病毒、细菌和任何感染身体的寄生虫的主要防御手段。因此，长期性的压力会损害我们的免疫系统抵抗这些病毒、细菌和寄生虫的能力。如上所述，有氧运动使身体充满氧气，这种增加的氧气可以减少压力对身体的影响。有氧运动通过释放某些激素促进了整体的幸福感，所以起到了减压的作用。做有氧运动能够一石二鸟，在降低压力影响的同时，也减少了压力本身。

· 运动让我们感到更快乐。在大多数情况下，幸福是由活动驱动的。40% 的幸福感来自经常做一些幸福的事。有氧运动是一种幸福的活动，因为它通过释放内啡肽来促进整体的幸福感，内啡肽是天然的止痛药，可以促进幸福感的增加，让我们感到"更快乐"。

· 运动可以刺激 EPO（促红细胞生成素）的产生。EPO 负责在骨髓中创造新的红细胞。新的红细胞有更多的血红蛋白，这使它们能够携带更多的氧气给身体。氧气是大脑、组织和肌肉的燃料。运动增加了红细胞为身体提供燃料的能力。

· 运动会产生端粒酶。端粒酶是一种保护端粒的酶。端粒就像每条染色体末端的帽子。它们保护染色体。端粒还能控制一个细胞分裂的次数。失去端粒的细胞会死亡。当细胞不能再进行分裂时，它们就会变老。我们把这称为衰老。因此，运动可以延长细胞的寿命，让你活得更久。

· 运动会增加大脑的体积——当你运动时，海马体中的神经组织体积会增加。海马体是大脑中负责记忆和学习的一部分。因此，运动可以提高你的记忆和学习能力。

· 运动可以预防癌症——已有证明显示，每周五天，每天 30 分钟的定期运动可以将癌症的发病率降低 25%—50%。

- 运动可以增强自信心。运动能提高你的睾酮水平。睾酮是一种激素，不仅可以加速肌肉的恢复，还可以提升你的自信，让你感觉更能掌控自己的生活。当你感到更自信时，你更倾向于追求挑战自己的机会，从而使你去成长。因此，自信可以提高你的风险承受能力，提升你接受新挑战的愿望，提高你学习新事物的兴趣——这些都是大企业晋升者、技术型大师或企业家等白手起家的百万富翁所固有的重要品质。

- 运动能增强意志力。日常锻炼不仅可以改善你的健康，还可以提高你的意志力和自制力。为什么意志力如此重要？意志力的消耗会导致决策错误，也会使你陷入旧的坏习惯中。关于意志力的最新科学研究表明，意志力耗尽也被称为决策疲劳，是吸毒、酗酒、暴饮暴食、背叛、赌博和许多其他恶习的背后原因。当你的意志力耗尽时，就要注意了。这后面的影响是毁灭性的：受损的家庭关系、受损的友谊、受损的工作关系、糟糕的健康状况、糟糕的财务状况（意志力低下时会发生自发购买行为）会让你的生活质量螺旋式下降。所以，你需要通过每天锻炼来摆脱自己的心魔。你和你周围的每个人都会因此而变得更好。

成功人士都有一个最适合他们的体重管理系统或例行程序。有些系统复杂，有些则不那么复杂，但他们都"管理"自己的体重。管理体重意味着监测每天的食物消耗量，并遵守每天的养生计划。

不成功的人对自己的健康没有每日持续管理。他们总是在寻找最新、最好的速成节食理念。不成功的人不时地处理一些健康方面的问题，通常需要外部影响来激励他们少吃或吃得不同。这就是有这么多饮食书籍的原因。由于他们对自己的饮食习惯没有什么控制力，他们一次又一次地经历增重和减肥的阶段。体重增加然后再减肥会对身体造成伤害，最终以各种医学疾病的形式体现出来，例如高血压、糖尿病、心脏病等。

不成功的人对待锻炼的方式与他们对待食物的方式相同，需要一些外部力量来暂时激励他们。当这种动力消失时，他们就会重新捡起坏习惯，停止锻炼，体重增加，一生中反复出现这样的循环。

一个监测饮食的简单方法是，在每餐后和吃零食后计算卡路里，并记录每天的消耗量。在你开始实施体重管理计划时，你首先要了解自己每天吃的具体食物。在体重管理计划的前30天，你需要跟踪记录平常吃的东西，并计算出每种食物的卡路里数量。在这30天内，你将能够识别出某些高热量的食物，此后你就可以选择避开这些高热量食物，至少定期去避开。

不要把监测、管理饮食与节食混为一谈。它们不一样。从长远来看，节食在控制体重方面不起作用。原因是它们过于严格，不可持续，而且坦率地说，这剥夺了生活的乐趣。管理饮食并不意味着挨饿或再也不接受款待大吃一顿。你会不时地去聚餐，你也不应该为此感到内疚。你只需要明白，你不能每天吃那些高热量的食物，因为这很可能会让你摄入的热量超过你的每日卡路里阈值，这是你为了减轻或保持体重需要保持的阈值。当有心情的时候，你应该自由地吃喝你喜欢的东西。你需要明白，吃一些你喜欢的食物可能意味着偶尔你摄入的热量会超过你当天的卡路里阈值，但只要这是例外而不是常规性的，就没什么问题。

监测饮食只能让你在控制体重方面成功一半。你必须每周四天，每天至少进行20到30分钟的有氧运动。户外慢跑能够带来最好的效果。跑步燃烧的卡路里数量比使用室内跑步机、楼梯机或固定单车多出约1/3。举重、仰卧起坐、俯卧撑等能很好地补充任何基础有氧运动，但它们不能代替有氧运动。这些练习本身不会帮你减肥，它们只能帮你塑形，让身体更健壮结实。有氧运动才是帮你减肥的最可靠的活动，应该作为你运动养生方案的基础。

早上可能是进行锻炼运动的最佳时间。在工作日一天开始之前进行锻炼,你就不太可能被白天经常发生的时间安排问题或冲突所打断。

监测体重的一个好工具是"富有习惯体重管理跟踪表"。每天只需 5 分钟即可进行跟踪。你将开始看到你的体重管理模式,这些模式让你能够更好地了解自己的身体并控制好体重。在完成"富有习惯体重管理跟踪表"(见下方)后的两个月内,你将能够确定你自己的每日卡路里阈值,然后可以管理你的卡路里摄入量以减轻或保持体重。例如,考虑到你的运动强度,假设你的每日卡路里阈值是 2100 千卡。如果你每天摄入的热量低于 2100 千卡,那么你的体重每天都会减轻。

总结:

成功人士管理自己的饮食并定期进行日常锻炼。

富有习惯体重管理跟踪表

起始体重		每日卡路里目标					
目标体重							
最终体重							
日期		体重	有氧运动时间	健身房	散步骑单车其他	累计卡路里	平均卡路里
周一	1/1						

○ 富有的习惯之五

我将寻求与其他有成功意识的人建立牢固的关系。

我们所形成某种关系的人中,有两种极端类型的人:"富有"关系者和"有毒"关系者。"富有"关系者帮助提升你的生活水平。他们积极向上、快乐、乐观、感恩、热情、思想开放,是终身学习者。他们用自己的积极、良好的习惯和信念感染你。

另一方面,"有毒"关系者会在生活中拖累你,破坏你可能拥有的任何成功机会。他们用他们的消极情绪、坏习惯和限制性信念感染你。

这很不幸,却是事实——我们寻找那些与我们有着共同习惯或者拥有我们渴望拥有的习惯的人。因此,我们从周边的人那里学到大部分的习惯:家人、朋友、同事、邻居、导师、名人、教练等。

如果你体重超标,那么很有可能你的朋友或家人也超重。如果你吸烟,那么你的朋友或家人很有可能也吸烟。这也是加入减肥小组(例如 Weight Watchers[1])的人有更大概率减肥成功的原因之一——你将时间花在了与你有相同减肥愿望的人群里。

改变习惯的捷径之一就是改变你的环境。那些经常与你交往的人是你周边环境的一部分。如果你想养成一个好习惯,比如每天锻炼,你可以通过与其他已经有每天锻炼的习惯或正在努力养成该习惯的人交往来增加你成功的概率。这迫使人们承担起责任,这是改变习惯的关键之一。熟人责任制(Association Accountability)通常也被称为同辈

---

[1] 美国的健康减重机构。——编者注

压力。如果你想养成一个好习惯，有一个可靠的方法就是围绕这个习惯创建一个新的、特定的同龄人群体。这些新的同龄人会给你施加压力，让你坚持你的新习惯。

成功人士的标志之一是他们有意识地努力与其他具有成功意识的人交往。如果亲密关系中的人挥霍无度，他们就会限制与这些人相处的时间。如果亲密关系中的人花钱很审慎，他们就会增加与这些人相处的时间。如果一个人有乐观的心态，他们就会像虫了被光吸引一样被这个人吸引。

我们经常与谁交往会影响我们在生活中体验到多大的成功。我们可以选择"因人而富"或"因人而贫"。"因人而富"是指让自己身边围绕着其他有成功意识的人。"因人而贫"是指让自己身边围绕着具有贫穷心态的人。

成功人士高度重视他们想要与之交往的人。对成功人士来说，人际关系就像黄金一样。他们照料人际关系就像农民照料庄稼一样，每天照顾它们，记住人名、生日、给新生儿的礼物，并经常进行互动。成功人士尽力帮助人际关系或商业往来中的人，即使这对他们而言没有任何好处。他们专注于为他人的生活增加价值，而不是为自己。

对成功人士来说，社交是他们成功的先决条件。他们会设计一些体系和流程作为协助他们进行社交活动的工具。他们找理由主动联系他人，例如打电话送生日祝福、送卡片或送礼物。他们会参加重要的庆祝活动和生活人事件，如毕业典礼、葬礼和婚礼。他们与志同道合的人建立联系。他们不会浪费时间与"有毒"的人发展或培养关系，会减少与有害或具有破坏性的关系中的人联系。他们远离那些永远处于动荡状态的人。很多时候，这种动荡本质上是财务问题。这些"有毒"的人有坏习惯，会把他们也拖下水。

成功人士对建立人际关系非常感兴趣。他们绝对会立即回电话。他们不断寻找改善人际关系的方法。

不成功的人通常与其他不成功的人或"有毒"关系类型的人来往。他们"因人而贫"。对人际关系，他们有一种"你最近为我做了什么？"的态度。奇怪的是，有些人甚至在故意亏待他人时认为这是一种美德。如果一个人不能为他们提供一些即时价值，他们就会忽略这个人，直到需要他为止。生日时不打电话、不发邮件也不送卡片。他们的"朋友"或其他熟人生活出现重大喜事的时候，他们也不会送去礼物予以祝贺。

不成功的人不善于建立人际网络。他们不会主动努力维持、定期增进与他人的关系。他们不会立即回电话，有时甚至根本不回电话。不成功的人在管理人际关系时会采取"救火"的心态。当危机出现时——不成功的人经常在生活中遇到突然的危机——他们会伸手寻求帮助。很多时候，他们会向被他们忽视的人寻求帮助。谈到人际关系，不成功的人根本意识不到需要投入足够的时间去培养他们的人际关系。

如果你想成功，你需要建立"富有关系"，避免"有毒关系"。"有毒关系"有以下几种类型。

1. 消极型——他们总是显得压抑、低落、悲观、愤怒、不快乐和不知足。他们羡慕那些在生活中过得很好的人。他们嘲笑任何试图提升自己生活质量的人。他们爱说闲话。他们对大多数事情都有负面的看法。对他们来说，世界是一个卑鄙、不公平、痛苦的地方。他们把痛苦淹没在毒品或酒精中。他们有非常强大的偏见和限制性信念。他们认为生活是不公平的，并拥护任何主张惩罚那些富有和成功人士的意识形态。

2. 欺骗型——他们是永远的骗子。不能被信任。他们不择手段地努力夺取不属于自己的东西。他们善于歪曲事实，是将自己的不良行为合理化的专家。没有什么是他们的错。他们从来不应该受到责备。他们把别人看作某种代表、目标，而不是人。

3. 批判型——他们对他人非常挑剔。他们似乎总是对某事持批评态度。他们谴责社会、政府、父母、学校、老板、配偶等。什么都是问题。对他们来说，没有什么是简单或容易理解的。他们抱怨生活中的一切，抱怨生活中的每个人。他们很少感到快乐，也从不为自己所拥有的东西而感恩。

4. 暗箭伤人型——这些是你不能信任的人。他们不仅为自己的利益着想，而且有一个有意或无意伤害关系中的人的疯狂习惯。他们自尊心很弱，自信心很弱，不喜欢任何试图改善生活的人。他们喜欢说别人的闲话。他们很少有长期的关系，经常不得不从一段新关系转移到另一段新关系，无论走到哪里都会带来破坏。暗箭伤人的人的危险在于你永远不知道他们什么时候会伤人。在你面前时，他们戴着面具，掩盖了他们真实的面孔。你只有在被伤害后，才会发现他们的真实人品。

5. 金融事故型——他们总是深陷债务中，向朋友和家人借钱，但从不偿还债务。他们长期失业，离开旧的工作，又没有新的工作，从一个职业跳到另一个职业。总是有一个又一个的紧急情况，他们有一个讨厌的习惯，就是在最后一刻打电话给你让你救他们。结果是，他们会消耗你大量的时间和金钱。

6. 懒惰型——这种类型的人总是在寻找成功的捷径、来得容易的钱。他们不愿意投入时间和精力来取得成功。他们认为成功是撞大运。

他们会主动接近那些能够给自己带来千载难逢的商机的人。他们不会在他们的人际关系、事业或生意上投入时间。他们会赌。他们让别人将钱投资于他们的最新计划。他们去承担非理性的风险，而不是经过衡量后的风险。

7.受害者型——受害者型的人具有一种理所当然的权利心态。他们认为，那些生活得更好的人有义务帮助经济困顿的人。他们认为富人只是受益于不确定的大运。相反，他们认为自己只是不确定的坏运气的受害者。他们不为自己的生活承担个人责任。他们不会为自己的财务状况而责怪自己。他们觉得他们只是在生活中受到了不公正的待遇。

8.成瘾型——他们沉迷于毒品、酒精、赌博、性、风险，乱七八糟什么都有。他们对自己的行为没有控制力。他们没有意志力。他们总是让你失望。他们的生活一塌糊涂。他们的人际关系一塌糊涂。他们的财务状况一塌糊涂。他们是吸血魔，会吸光你的活力。

成功人士在管理他们的人际关系时会采用一套系统。有些人的系统可能相当复杂，并会利用最新的技术和软件。无论你为自己创建什么系统，都请找一种方法来跟踪有关每个联系人的各种信息。除了姓名、地址、电话号码和电子邮件信息外，你还应该捕捉其他重要数据，例如职业、生日、配偶姓名、配偶生日、子女姓名、子女就读的大学、子女就读的研究生院、子女就读的法学院等。还可以跟踪他们的爱好、兴趣、他们喜欢读的书以及任何其他重要数据。"重要"是指对你的联系人很重要。最常见的联系人管理系统是 Outlook。几乎任何有电脑的人都有 Outlook。有些手机甚至与 Outlook 连接，使你能够将通信录随身携带。

拥有世界上最好的通信录管理系统对你没什么好处，除非你充分利用这一系统。最基本的系统要能够提供一个流程，提醒你某个联系人的生日，以便你与他联系，祝他生日快乐。即使你不经常与特定的人沟通，这种最低限度的联系也能维系你们的关系。生日电话可以作为每年至少一次的联系来维持你们的关系。你的联系人可能会做出回应，从而将你与此人的联系频率增加到每年两次。

我遇到的每一个成功人士都跟我一样面临一个令人讨厌的小问题……他们跟其他人一样，很难记住别人的名字。不过为了克服这一问题，成功人士创建了一些系统来帮助他们记住他们想要记住的人的名字。

记住别人姓名的一个好方法是按类别对联系人进行分组。例如，你可以将联系人分为以下几类：

· 网球通信录

· 高尔夫通信录

· 保龄球通信录

· 俱乐部通信录

· 邻居通信录

· 大学朋友

· 商业伙伴的朋友

· 健身房通信录

· 工作伙伴及其家人、教堂或清真寺，以及社区通信录等

如果你可能在某次活动中遇到一个或多个联系人，你可以在参加该活动之前提取该类别的联系人小组，查看他们的姓名。名字对我们

每个人都很重要，当我们觉得自己是因为足够重要而被记住名字的时候，我们都会很感激。

总结：

成功人士培养、发展和改善与其他有成功意识的人的关系，并限制自己与"有毒"的人群接触。

○ 富有的习惯之六

我将每天生活在适度的状态中。

有节制的生活意味着一种平衡的生活，很少有甚至没有任何过度的行为。成功的人避免过激行为、剧烈的情绪、成瘾、强迫症、暴饮暴食、饥饿、奢侈挥霍和狂热行为。他们把自己的思想和情绪控制得很好。他们明白需要保持平衡并让自己的生活可控。

成功人士不会肆意挥霍、胡吃海喝、过度放纵或毫无节制。他们明白，人生是一场马拉松，而不是短跑。他们让工作时间、饮食习惯、运动、看电视、阅读、上网、电话交谈、电子邮件、短信、当面对话、娱乐、性关系等都处于一种适度状态。他们的个性反映了这种温和的心态。他们不会变得过于兴奋或过度忧郁。他们性情平和，对愤怒或激动的情绪反应迟钝。他们温和的心态让家人、朋友、同事和商业伙伴们感到安心，这有助于改善人际关系。因此，人们喜欢和他们在一起。在所有问题上与他们打交道都有一种舒适感。

成功人士吃喝娱乐，过着适度的生活。与许多人认为的相反，他们的房屋、汽车、其他个人用品、假期等并不奢侈。沃伦·巴菲特（Warren Buffet）是世界上最富有的人之一，他一直住在65年前结婚时住的那栋房子里。他的家很简朴，没有栅栏或围墙。虽然他拥有私人飞机业务，但他更喜欢乘坐商业飞机。他每天开着车来回上班。沃伦·巴菲特每天都践行这一富有的习惯。

不成功的人过着没有节制的生活。他们吃得太多，喝得太多。他们也对事情过度反应。他们允许自己的情绪以极端的方式摆动，这在他们的人际关系中造成了巨大的冲突和痛苦。他们放任自己的愤怒、快乐、爱、恨、嫉妒和羡慕等各种情绪，只有在最重要的关系处于危险之中时才会加以控制。他们执着于特定的食物、饮料、性、毒品、八卦、个人财产，以及他们的意见、想法和行为。

不成功的人几乎无法控制自己的生活。他们的情绪波动很大，让身体紧张、人际关系紧张、财务紧张。他们有一种攀比从众的心态。他们的消费模式不断受到他人的影响。如果他们突然有了一笔钱，他们会把这笔钱用来买大房子和昂贵的汽车，来给别人留下深刻印象。房贷和其他各种贷款让他们在财务上捉襟见肘。很多人用房产进行再融资来努力维持他们的生活方式。一个意外事件例如失业、暂时性残疾或收入突然下降，就立即会导致财务灾难，因为不成功的人都盼着工资过日子。他们没有存款或财务安全网。他们的优先事项放错了位置。他们无法过上朴素的生活，无法按照重要性为自己的需求正确排序，或不会量入为出地生活。

总结：
成功人士做任何事情都是适度的。他们避免放任过度。

○ 富有的习惯之七

我每天都会朝着我的目标采取行动。

无论我们是否意识到这一点,我们每个人的内心都疯狂进行着一场战争:是行动还是拖延。拖延使最有才华的人也无法实现人生的成功。大多数人都有这种不良习惯,而大多数人在生活中遭遇经济上的挣扎也不是偶然的。成功有许多动态组成部分,其中主要的一点就是拖延。导致拖延的主要原因之一是对自己的工作没有热情。我们只想做自己喜欢做的事情,而把不喜欢做的事情往后推。在做不想做但又不得不做的事情时,我们会有一种紧张和害怕的感觉。因此,我们一直拖延,直到不做我们害怕和紧张的事情所带来后果的痛苦超过了做这件事的紧张和害怕。拖延是大多数人在经济上挣扎的一个重要原因。它损害了我们在雇主和同事中的信誉。它还会影响我们的工作质量,这将影响我们或我们的公司从客户和其他商业合作伙伴那里获得的业务。拖延症给我们打上不值得信任或者工作成果很差的烙印。更糟糕的是,拖延会导致诉讼纠纷,产生压力和经济成本,数额可能会高达数万美元。

成功人士对自己的梦想和目标采取行动。当我们对自己的梦想和目标采取行动时,这就会推动我们的生活向前发展。行动会产生连锁反应,带来反馈,这种反馈对于了解我们是在正确的轨道上还是在错误的轨道上至关重要。这种反馈使我们能够进行调整,修正路线。行动会增加幸福感。它会减轻压力。压力是没有做那些我们知道在生活中应该做的事情的副产品。

不成功的人都会拖延时间。拖延会带来需要立即关注的问题。他们不断地在生活中"灭火"。拖延会增加某些风险，让我们容易忘记重要的事情，或不得不在紧急情况下处理非常重要的事情，这有可能会导致犯错，或惹上官司，承担法律责任。拖延使我们无法向前迈进。这是大多数人被困在生活中的原因。拖延会导致我们所销售的任何服务或产品的质量不佳。不成功的人的生活杂乱无章。他们无法获得多大的成就，因为他们在不断地扑灭一场又一场的火。他们被动地应对外部力量，而这些外部力量完全占据了他们某一刻的所有注意力。他们控制不了自己的生活和每天的安排。他们感到无能为力，没有方向。

拖延的背后是恐惧、害怕。我们害怕采取行动，是因为害怕痛苦。这种痛苦是想象出来的要完成这一任务或目标所需要在体力或脑力方面付出的某种努力。这同样是采取行动的后果，因为所有行动都会产生反馈的连锁反应。这种反馈有时是好的，有时是坏的。我们害怕负面反馈。但负面反馈对人生的成功至关重要。它让我们知道我们是走在正确还是错误的道路上。对那些习惯性拖延的人来说，采取行动的痛苦超过了不采取行动的痛苦。拖延者通过做其他要求不高或不痛苦的事情来分散自己的注意力。但是我们的潜意识，我们的旧大脑，从来不允许我们忘记我们有一个未完成的任务。它不断唠叨，提醒我们有一个未完成的任务。它通过压力——我们生理内置的一个无意识的高级预警系统——来做到这一点。潜意识凭直觉知道，完成这项任务对于帮助改善我们的生活是很重要的，拖延这项任务只会产生负面影响，不利于我们的生活。大脑通过压力催促我们采取行动，这种压力在我们采取行动之前永远不会消失。压力会带来一种不快乐的状态。

105

因此，拖延会导致不快乐。

不管你信不信，拖延的声音在那些生活中优秀的人和不优秀的人的脑海中同样响亮而清澈地尖叫。区别在于成功人士能够阻止拖延的声音继续传播下去。以下这五个工具，可以帮助任何人永远消除拖延的声音。

工具1——待办事项清单

在我的研究中，成功人士经常利用待办事项清单来辅助他们把事情做完。

每日待办事项分为两类：

1."目标待办事项"——这些是与每月、每年和长期目标相关的每日任务。这些任务几乎总是固定不变的，也就是说待办事项清单上每天出现的都是同样的待办事项，例如打十个营销电话。

2."非目标待办事项"——这些事都跟目标没有任何关系。它们可能是事务性的任务（例如回复电子邮件）、客户任务（例如与客户会面）或一些日常必须做的事（比如去银行）。它们可能是每天固定要做的任务，也可能每天都不一样。

工具2——每日五件事

成功人士会把一天里需要完成的五个最重要事项纳入他们的每日待办事项清单中。每日的这五件事可以与你朝九晚五的工作无关。它们可以是推动你朝着某个目标迈进或为了实现生活中的某个梦想或目标而每天所做的五件事。

工具3——设置和传达截止日期

当我们为某个任务设定截止日期，并将这个截止日期与直接受其影响的第三方沟通时，我们就提高了完成这一任务的紧迫性。这一任务不再单纯是一个"待办事项",而提升为我们个人向另一个人做出的承诺。这会给我们带来压力,让我们必须履行自己的承诺,遵守最后的期限。

工具 4——责任伙伴

责任伙伴是我们定期(例如每周)与之见面的人,他们会给我们必须完成自己任务的压力。这可以是一个人或很多人。知道有其他人会让我们对完成某些任务负责,这也会让这些任务变得不再是单纯的"待办事项"。当知道别人在盯着我们时,我们都会表现得更好。

工具 5——"立即行动"自我敦促

没有人喜欢被别人追着唠叨。无论我们自己是否意识到,被人敦促都会改变我们的行为。当有人不停地敦促我们时,我们往往会把一些我们本不想办的事情办完。"立即行动"自我敦促是一种非常奏效的自我唠叨技巧。通过一遍又一遍地重复"立即行动"这句话,我们实际上是在自我敦促。在研究过程中发现这一工具后,我便开始利用它来催促自己做一些我经常拖延的事情,就像计时收费软件 Time and Billing 一样。现在我所要做的就是想想这一自我敦促的话语,来让这种唠叨改变自己的行为,逼着我完成某一任务。

你是这场在你内心肆虐的战争的总指挥官。要掌控好你的部队。采取行动。只有朝着自己的目标和梦想采取行动,你才能赢得这场战争。要克服你的恐惧,采取行动。不要拖延或耽搁应该在某一天进行的活动。当推迟某事的想法进入你的脑海时,立即通过说"立即行动"或利用任何其他策略来将这个想法赶走。找到适合你的方法并使用它。不要让拖延的想法停留哪怕一秒钟时间。一旦全身心投入一项活动中,你很快就会发现自己沉浸于这项活动,推迟任务的所有想法都会消失得无影无踪。你会为完成了任务和掌控了自己的生活而感到振奋。

总结：

成功人士不会拖延。他们使用工具和策略来压制拖延的声音。他们有一种"立即行动"的心态。因此，他们对客户、其他商业伙伴、患者、家人和朋友都会积极回应。

○ 富有的习惯之八

我每天都会积极地进行思考。

你去过赛马场吗？如果去过，你就会知道在比赛开始之前，马匹会被混乱地引入它们的起跑门。闸门会一直关闭，直到枪声响起，这时闸门才会全部打开，马匹会像枪里的子弹一样涌出，冲向终点线。但在闸门打开之前，风平浪静。比赛只有在闸门打开之后才开始。对大多数人来说，他们的闸门一辈子都是关闭的。他们的思维阻碍了他们去开始并赢得比赛。

任何经常重复的想法都会变成一种习惯性的思维。习惯性的思维会引导你采取某些行动，这些行动可能是好的，也可能是坏的。只要你的思维陷入消极或悲观主义、对新颖思想封闭、被限制性的信念扼住，你就永远不会开始你的比赛或到达你的终点线。这场比赛代表的是对梦想背后目标的追求和实现。那条终点线代表这些梦想的实现。95%的人从来没有走出过闸门，因为他们的思想妨碍了他们。

以创造性思维解决复杂问题的能力——也就是所谓的洞察力——的最新相关研究显示，消极情绪会抑制清晰思考的能力。不快乐的人往往会有不快乐的、悲观的想法。相反，快乐的人往往有快乐的、乐观的想法。认知心理学家将这种通过消极或积极的视角看待世界的倾向称为情绪一致性（mood congruency）。当你以消极的视角看待世界时，你的焦点就会变小，你只看到面临的问题。而看不到解决方案和一些机会。消极的心态会导致视野狭窄，限制了创造力和解决问题的能力。

如果你是那些在经济上挣扎的人之一，消极思维就像汽油一样，会助长消极情绪的火焰，使失业、贫困或近乎贫困的生活状态永远持续下去。相反，根据同样的科学道理，积极心理会增强创造性地解决问题的能力。积极的心态会扩展你的思维和意识。它开拓你的思维，让你去思考解决方案和机会。如果你很穷，积极心态是摆脱贫穷生活的一种手段。

成功的人是积极的、乐观的、向上的、热情的、精力充沛的、大部分时候很快乐和平衡的人。他们感到有力量，有控制力，有信心，有活力。这并不是偶然的。他们拥抱正面思维。当他们与自己对话时，他们的语言是振奋人心的，而不是充满批评性的。他们习惯性地进行积极的自我对话。他们使用积极的自我肯定的语言来强化自己的态度，创造一种积极的心态。当出现问题时，他们不会自我贬损。他们与其他积极的、向上的、乐观的人往来。因此，他们能够看到问题的解决方案。他们能找到克服障碍的方法。他们巧妙地绕过陷阱。无论旅程多么艰难，他们积极的心态使他们能够坚持下去。

成功的人会管理他们的思想和情绪。负面想法会立马被正面想法取代。他们会克制负面情绪。他们明白，允许不良思想或情绪存在哪怕一秒钟都会损害他们的思维和解决问题或克服障碍的能力。他们以各种积极的、正面的想法来喂养自己的头脑，让它们生根发芽，开花结果，总有一天会结出果实。

　　成功人士也使用视觉想象的方法来改变或强化他们的思维。与你可能认为的相反，成功人士也会有可怕的想法进入脑海。面对不断来自各种媒体的所有负面新闻的轰炸，他们怎么可能没有可怕的想法呢？媒体每天都在向我们灌输消极的想法。这些负面信息会引起恐惧、焦虑和压力。我们很容易成为消极情绪持续攻击的受害者。成功人士意识到这一点，并努力尽量减少花在负面性的电视、广播节目或网页的时间。与此相反，他们观看或收听富有建设性的或令人振奋的节目。他们阅读积极向上的报纸或杂志文章，远离负面信息。成功人士能掌控他们每天听到、看到的内容。

　　最后，成功人士对生活给予他们的一切心存感激。他们每天都会表达感恩，通常是在睡觉前或早上醒来时。有些人甚至会维护一份每天都查看的清单，上面列出了他们所感恩的一切。为什么感恩如此重要？因为感恩是通往乐观主义和积极心态的门户。感恩迫使你意识到你生活中的美好事物。我的车今天启动了，我能够养活我的家人，我有地方住，我很健康，我还活着，我有一个充满爱的家庭，等等。当你把你的思维转移到生活中的美好事物上时，你的大脑会开始从负面转向正面。如果你每天都练习感恩，你的积极心态最终会压倒你的消极心态。感恩会将你看待世界的视角从消极转换为积极。当这种情况发生时，你会开始看到解决方案而不是问题。你的脑海中会冒出很多想法，帮助你从失业、贫困或接近贫困的状态中爬出来。每天表达感激之情并不是一些新时代骗人的鬼话。感恩是通往乐观和积极心态的大门。它是将你的生活从充满限制的生活转变为充满无限机会的生活的方式。

不成功的人有一种消极心态。他们对自己以及对他们接触的每个人都很挑剔。对每个人，他们都是最严苛的批判者。他们进行消极的、具有破坏性的思考。他们允许不好的想法进入自己的头脑并扎根，最终导致不良行为。他们允许负面情绪，如愤怒，支配他们的思想和行动。他们缺乏动力和热情，经常陷入精神抑郁状态，每次可能持续几天或数周。他们在电视、广播或互联网上观看或收听过多的负面节目。他们读一些专门激起负面情绪的头条新闻。他们经常访问消极的网站。他们感到绝望和无力。

你如何判断一个人的精神面貌是否消极？他们具有以下共同特征。

·受害者心态：这类不成功的人认为他们的财务状况是由他们无法控制的力量决定的，例如华尔街、可以让他们处于贫穷状态的富人、政府政策、经济环境、糟糕的学校、在不好的社区长大、运气不好等。

·封闭的心态：不成功的人思想封闭，不愿意接受与自己不同的新想法、新思维或观点。白手起家的百万富翁的标志之一是能够对新想法、新知识和新思维方式持开放态度。

·意识形态的束缚：不成功的人坚守一些会妨碍他们摆脱贫困状态的意识形态。他们带着这样的信念：富人是坏人，金钱是万恶之源，出身贫寒的人无法摆脱贫困，你需要接受大学教育才能摆脱贫困，等等。具有抛开意识形态束缚的能力，我们才能扩展思维、成长和发展。

·智力上的限制：不成功的人认为他们不聪明，这是他们贫穷的原因之一。每个人都有天才的潜质。我们生来就有天才基因。让那个基因处于关闭状态的，是我们固执地相信我们不具备超越自身生活环境的智力水平。

·即时的满足感：不成功的人会寻找短期解决方案来解决他们的长期问题。他们玩彩票，在体育运动中赌博，或者去赌场，希望摆脱贫困或为退休提供资金。摆脱贫困和创造财富需要时间，但我们的船只有在建造好一个足够大的码头来停泊之后才会进港。

帮助改变心态的最成功的技巧之一，就是改变交往对象。这包括家人和朋友。积极情绪和消极情绪会像病毒一样在你的人际网络中传播。如果你想变得积极，就经常与积极的人相处。他们会用他们的乐观和热情感染你。

另一个没第一条那么有用但仍然有效的技巧，是每天让你的头脑淹没在正面的自我肯定中。正面肯定会重新设置我们的旧大脑（潜意识——边缘系统和脑干）。相对我们新大脑（我们的大脑皮层也被称为我们有意识的大脑）而言，我们的旧大脑多存在了长达数百万年。旧大脑比我们的新大脑强大得多。它的能力之一就是能够在不知不觉中指导我们的行为。它还具有不假思索就知道的能力，我们称之为直觉，也就是我们头脑中那个小声音。

当我们使用正面的自我肯定来重新设置我们的旧大脑时，它会在幕后工作以改变我们的行为。它以直觉和洞察力的形式向我们发送信息。直觉和洞察力使我们调整并改变方向。

正面的自我肯定

·"我实现了我的目标。"

·"我很幸运。"

·"我成功了。"

- "我每天都在努力工作"。
- "我是一个储蓄者 – 投资者"。
- "我是一个很好的决策者。"

积极的肯定代表了你希望成为什么样的人、你希望实现的目标、你希望拥有的资产，或者你希望有朝一日拥有的收入。它们必须具体，并且是"现在时"才能有效。制订一份正面自我肯定的语言清单，并把它们放在你身边。早上复习一次，下午复习一次，睡前复习一次。让这些正面肯定的语言每天都渗入你的头脑。它们代表了你最积极的好想法，通过每天重复，它们最终会扎根。各种事件和环境将开始围绕你的积极思维显现出来，机会也会凭空出现。

总结：
成功人士避免消极的想法。他们每天都进行积极的思考。

○ 富有的习惯之九

我会把我收入的 10% 或更多进行储蓄并投资。

成功人士在成为富人之前，早就养成了将收入的 10% 或更多存起来，并谨慎地用这些存款进行投资的习惯。他们将储蓄视为最重要的账单。事实上，在支付任何账单之前，成功人士将收入的至少 10% 留下来用于储蓄、投资或养老计划。然后，他们持续明智地投资存款，定期观察投资情况，并为投资回报设定切合实际的目标。他们只使用最合格的金融专业人士，以最大限度地提高他们的回报，并尽可能减少他们的税费。他们聘请注册会计师、注册财务规划师或律师等专业服务人员。他们利用这些专业人士来帮助他们管理资金和税务，保护他们的财富。

成功人士都有一个养老计划。他们在法律允许的最大范围内实施这一计划。许多这样的养老计划会允许个人以免税或延税的方式每年将一大部分收入存入银行。如果他们的公司没有提供养老计划，他们会通过为个人养老账户存入资金来安排自己的养老计划。他们每次发工资的时候都会向这些养老账户中存一部分钱。他们有养老目标。他们定期监控自己的养老计划，并进行路线修正，以实现自己的目标。

不成功的人把给自己存钱放在了最末位。他们靠薪水度日，为了维持自己的生活方式会花掉每一分钱。如果加薪，他们就会提高生活标准来匹配更高的收入水平。这就是所谓的生活方式蠕变。他们不善于存钱，会为了维持自己的生活方式而举债。他们有房产净值贷[1]，而这些贷款也被他们用完。他们的信用卡被刷爆了。他们几乎无法支付每月的最低还款额。他们的信用评分很差。

不成功的人不会为养老存钱。有些人放纵于赌博，有些人甚至将买彩票视为他们的养老方案。他们不经过深思熟虑就去冒险。他们不会留出至少10%的收入，因此，当他们达到退休年龄时，没有足够的退休金来让他们在经济上有所保障。这让他们不得不依赖最亲的家人——往往是他们的子女，给他们子女的生活带来负面影响，也让他们与子女的关系变差。他们将这一处境合理化，认为他们无法将收入

---

1 Home equity loan，是指以住宅为抵押的贷款，贷款可以用于买车、医疗和休假等用途。——译者注

的 10% 存下来。他们不愿意为了好好储蓄而改变自己的生活方式。很多时候，不成功的人别无选择，只能继续工作直到达到退休年龄，或依赖他人。

总结：
成功人士会先把钱付给自己——将至少 10% 的收入用于储蓄或养老方案。

○ 富有的习惯之十

我每天都会管理自己的言语和情绪。

不是每个想法都必须从你的嘴里说出来，也不是每个情绪都需要表达出来。成功的人是自己言语和情绪的主人。他们明白，说出心中的任何想法都可能破坏与那些可以帮助他们实现自己梦想和目标的人的关系。他们不会被愤怒、嫉妒、兴奋、悲伤或其他琐碎的情绪牵着走。他们会赶走所有的坏情绪。他们甚至不允许这些情绪存在哪怕一秒钟。他们明白负面情绪会导致他们做出错误的决定，从而带来不良后果。他们用积极的情绪取代这些坏情绪。在出现困难时，他们会使用以下技巧：思考、评估和应对。思考让他们有时间了解情况。评估情况可以为确定正确的行动方案争取更多时间。应对是他们最后做的事，而且很可能是很恰当的反应，因为他们花了时间来选择如何应对。

我们每天所使用的语言会创造认知。它们就像磁铁一样，将各种各样的人吸引到我们身边。富人在发家致富之前很早就明白了这一点。你知道的词语越多，对于自己所了解的东西，你就越善于沟通。如果你想让人觉得你很聪明，你就必须增加你的词汇量并在交谈中使用它们。学习新单词有助于你的成长。它们增强你的信心。它们会改变你。

成功人士在与他人交流时非常注意他们的用语。他们选择不会冒犯他人的措辞。他们用词汇来强化他们对自己的认知，用他们的言语来强化别人对他们的看法。

成功人士忙到不会允许自己陷入消极的情绪状态。他们做富有成效的事，这让他们不去想各种让自己烦恼的事。他们不断参与给自己带来积极感受的项目或自我提升的活动。成功人士觉得他们可以完全控制自己的情绪。

不成功的人没有意识到他们每天所使用的词语。他们不自觉地使用冒犯他人和破坏人际关系的字眼。他们的措辞会让他人产生对他们不利的看法。

不成功的人会被小情绪牵着走。他们让自己的情绪支配他们的行为。他们动不动就沮丧消沉，感觉好像无法控制自己的生活一样。他们不思考就做出反应。他们养成了"准备，开火，瞄准"的坏习惯。这样带来的结果就是，全世界有许多这样不成功的人坐了牢。

总结：
成功的人会管理自己的言语和情绪。

○ 富有的习惯之十一

我会做我喜欢或热爱的工作。

我们大多数人都是非常好的追随者。别人让我们做什么，我们就做什么。我们已经习惯这样。这种习惯在我们生命的早期就形成了。我们的父母为了我们好，让我们做一些我们不想做的事情：早起上学、吃西蓝花、做作业、做家务等等。我们从很小的时候开始，就形成这种做别人要我们做的事的习惯。

但后来我们长大了。从生理学上讲，这种蜕变会从14岁左右开始，一直持续到21岁前后。那些成为子女成功导师的父母会预见到这种蜕变，并在这个蜕变阶段慢慢开始将决策权交给孩子们。他们鼓励我们承担个人责任。他们让孩子犯错，体验现实生活中残酷的一面，旁观以待，在出现问题的时候提供建议和方向。

遗憾的是，这样的父母只是少数。大多数人会一直控制子女的生活到子女二十多岁，这种做法妨碍了孩子成为独立的思考者和行动者。他们有时被称为直升机父母。直升机儿童追求父母的目标和梦想，而不是自己的目标和梦想。他们把自己的梯子靠在父母这面墙上，一生都在攀登这架梯子。在某些时候，他们意识到自己所做的事情是不快乐的，并对自己的工作和生活感到沮丧、绝望。

这种不快乐的状态通常在我们30多岁时开始出现，那时我们有了自己的孩子。我们进退两难，因为我们觉得为了养家糊口别无选择，只能继续把梯子靠在父母这面墙上爬行。

成功人士会追求自己喜欢或热爱的工作。因为他们在做自己喜欢或热爱的工作，所以他们会投入更多的时间。他们经常被误认为是"工作狂"，这很有讽刺意味，因为他们实际上根本不觉得自己在努力工作。对他们来说，工作就是游戏，有趣而愉快。他们期待工作。因为他们在工作中投入了更多的时间，所以他们成了这一领域的专家。成功人士在生活中找到了可以赚钱的利基市场，这让他们充满激情。激情为他们提供了从事某项活动的愿望，直到他们成为这方面的专家。有了激情，他们就会自动充满毅力，出现错误也能积极向前，找出哪些有效，哪些无效。

不成功的人把自己的梯子靠在别人的墙上。他们不喜欢自己的工作。穷人中最穷的那些人通常讨厌自己的工作。因此，他们只为了保住工作或糊口而去做最基本的工作。因为他们把最低限度的精力投入工作中，所以他们永远不会成为所做工作的领域里的真正专家。

怎样才能获得解脱？如何才能将自己的梯子从别人的墙上移到自己的墙上？

你需要为你的目标和梦想采取行动。每天拿出一小块时间来追求自己的个人目标和梦想，无论是清晨、深夜还是周末。如果你每天都投入一些时间——任何时间——就有可能扩大自己的墙面。一开始会需要一些自律。但一旦你开始行动，情感激情能量就会取代意志力能量。这种激情只会继续增长，让你充满活力。最终，你每天的投资会让你爬得更高，更接近你的墙顶。当你爬上自己的墙时，你会开始感到快乐，充满激情。

专业大师因其知识和技能而获得最多的报酬。专业知识扩展了我们的（收入）渠道，使我们能够随着时间的推移积累巨大的财富。我们越练习，就越赚钱，我们积累的财富也就越多。久而久之，我们所练习的东西会成为一种习惯。习惯的美妙之处在于，它赋予我们即时记忆，让我们毫不费力地发挥我们的精湛技艺。积极练习会通过在知识和技能方面精益求精来防止出现表现不佳的情况。

到目前为止，激情是成功人士最重要的特质，尤其是专业大师和企业家。它是将普通人转变为杰出人物的催化剂。当你追求真正热爱的东西时，你的生活会变得更好。当有件事每天24小时都占据着你的大脑时，你就知道你已经找到了真正热爱的东西。它让你日有所思夜有所梦。为什么激情会如此重要？

- 激情造就毅力。
- 激情甚至能把最懒惰的人变成工作狂。
- 激情可以拓展你的思维，释放你的创造力。
- 激情可以让你克服错误和失败。
- 激情让障碍从大山变成丘陵。
- 激情带来不费力的专注力，这是最强大的专注力类型。
- 激情赋予你无限的情感能量。
- 激情产生情感意志力，这是最强大的意志力。

虽然没有激情仍然可以在生活中"过得好"，但如果没有激情，你将永远无法充分发挥你的全部潜力。你的成功将受限——这只是它可能产生的结果的一小部分。在生活中找到你的激情所在应该是你的主要关注点，因为有了激情，你所有的愿望和梦想最终都会成为现实。激情迫使你成长为你获得成功所需要成为的那个人。这是成功的第一张多米诺骨牌。激情让成功的所有其他多米诺骨牌开始运转。

激情比教育更重要。激情比职业道德更重要。激情比智力更重要。激情比营运资金更重要。激情比多年娴熟技能都重要。激情比那些缺乏激情的人在生活中可能拥有的任何优势都重要。没有激情的人跟那些在某件事中找到激情的少数人完全无法相比。这种对比甚至算不上比赛。激情就像一个灯的开关。当它被打开时,它会触发其他成功特质的多米诺骨牌效应。它是所有成功的催化剂。激情可以让你克服每一个障碍、每一个错误、每一个失败。没有什么可以阻挡一个充满激情的人的道路。那些充满激情的人永远不会放弃,所以,他们永远不会失败。

总结:
成功人士找到赚钱的方法,做他们喜欢或热爱的事。

○ 富有的习惯之十二

我永远不会放弃我的梦想。

坚持不懈的人的人生最成功而且积累的财富最多。坚持意味着永不放弃你的梦想。成功的人追求自己的梦想,直到他们成功、死亡或丧失正常生活能力。甚至破产或离婚也不能阻止他们追求自己梦想的脚步。坚持意味着每天都要为我们梦想背后的目标行动,无论我们愿意与否。这意味着永远不向我们怀疑的事情屈服。在追逐梦想的过程中,有些日子事情会如我们所愿,但大多数时候并非如此。世界就是这样。

一个梦想的实现需要时间和毅力。当事情不如意时,我们的头脑就会充满怀疑。成功人士与其他人的不同之处在于,即使天公不作美,让他们开始怀疑自己的选择，他们也会坚持不放弃。

坚持不懈意味着尽管出现各种错误，但我们仍然坚守使命。成功人士把他们的错误仅仅看作学习的过程。坚持意味着，我们在遭受一次又一次毁灭性的失败后还要重新振作起来。我们只有在放弃时才会失败。

坚持意味着，不让被他人拒绝或忽视的情况阻止我们前进。当你追求梦想时，你会面临他人的拒绝，你也会被他人忽视。这是过程的一部分。你不能情绪化。我们需要把情绪排除在外。当我们被拒绝或忽略时，只需说一句"下一步"，然后继续前进。

坚持意味着不允许不相关的事分散我们的注意力。我们很容易让这样的事干扰我们的脚步。成功人士将各种干扰推开，只着眼于重要的事情。他们有一个大局观，就像一个力场，将所有干扰从他们的道路上移开。

坚持意味着不让恐惧阻止我们的脚步。恐惧是大多数人放弃梦想的主要原因。成功的人养成了面对恐惧依然行动的习惯。

大多数不成功的人不会追求自己的梦想。他们被恐惧和怀疑所束缚。他们没有足够的自信去追求一个梦想。他们限制性的信念告诉他们，他们不够聪明，受教育程度不够高，不够勤奋或没有能力追求自己的梦想。

不成功的人经常成为"闪亮物体综合征"的受害者。当某些东西没有立即得到回报时，他们会转向下一个闪亮的对象。当事情变得困难时，他们会将注意力转移到其他事情上。不成功的人永远都在追逐新的东西，因为他们之前追求的东西没有立即让他们得到回报、太难，或者只是花费的时间比他们预期的要长得多。

121

总结：

成功需要时间。那些成功的人从不放弃。长期坚持是成功的必要条件。

○ 富有的习惯之十三

我将只接受积极的信念，消除所有消极的信念。

为什么富人越来越富，穷人越来越穷？为什么贫穷会代代相传？

一个重要原因是我们的信念。我们的信念可以创造财富，也可以创造贫穷。如果我们相信自己很聪明，我们就是聪明的。如果我们相信自己很愚蠢，我们就愚蠢。如果我们相信生活尽在掌握中，我们的生活就尽在掌握中。如果我们相信生活艰辛，生活就会艰辛。我们所相信的事推动着我们的行为，我们的行为决定了我们在生活中会成为什么样的人。

我们的信念储存在我们的旧大脑深处，也被称为潜意识。我们的旧大脑与我们的新大脑（大脑皮层或有意识的思维）有很大不同。我们的旧大脑已经存在了数百万年，而我们的新大脑只存在了几十万年。我们的旧大脑比我们的新大脑强大得多。它是大脑中唯一可以同时处理多项任务的部分。同时，它控制着我们的自主神经系统（autonomic system），指导我们的行为，储存我们的习惯，它是我们的情绪所在，是存储我们的信念的库房。

信念代表了我们的旧大脑已经接受的情绪化的思维模式。如果我们想改变我们的生活环境，我们就需要从改变我们的信念开始。为了做到这一点,我们需要创造积极的情绪化想法,避免消极的情绪化想法。

我们每个人都从父母、环境、文化和其他影响因素中继承了一些信念,这些信念会指导我们的行为、思维、情绪以及我们在生活中做什么样的选择。当这些信念使我们对新思想、新知识和新思维方式视而不见时,它们就阻碍了我们。封闭的心态会抑制我们作为个体成长的能力。

一种能够判断自己信念是否阻碍了我们作为个体成长的方法,就是看我们对新信息或新发现有什么反应。如果我们下意识的反应是立即否定、挑战新信息或寻找它的任何缺陷——因为它挑战了我们的假设,那么我们就有一种封闭的、限制性的、消极的信念。

成功人士的标志之一是他们能够对新想法、新知识和新思维方式保持开放的心态。开放的心态可以让你扩展思维,去成长和发展。

不成功的人持有会阻碍他们的限制性的、消极的信念。这些信念就像停止标志牌,阻止你去追求任何你的信念告诉你你不可能做到的事情。

我们的日常习惯能反映我们的信念。"我不聪明"让人养成不学习、不听话、不专注的习惯。"我无法减肥"让人养成吃太多、吃太差、不运动的习惯。

信念通过以下三种方式之一形成。

1. 内部编程:自言自语。

2. 外部编程:我们所爱或钦佩的人、影响我们生命的人——父母、老师、朋友等所说的话。

3. 情绪化的生活事件:这些事件指深受强烈情绪影响的生活经历。失败、失业、离婚、亲人死亡、亲人出生等。消极信念是由强烈的负面情绪引起的,积极信念是由强烈的积极情绪引起的。

每个人生命的早期都充满了各种犯错和失败的事:我们参与新的活动,犯错,在某件事上挣扎或失败。这些错误、挣扎和失败是生活在告诉我们,某件事上我们处理的方式错了。它们无意对我们的余生带来负面影响。它们旨在通过教我们该做什么和不该做什么来对我们今后的生活产生积极的影响,它们的本意是要成为一个学习的经历。

遗憾的是,我们周围的人,我们的父母、朋友、老师等,有时会无意中采用具有破坏性的批评语言,在情感层面上深深地影响我们,变成后面一直伴随我们的消极信念。这种批评的声音之所以挥之不去,是因为它与强烈的负面情绪连接在一起。一旦强烈的负面情绪与破坏性的批评语言联系在一起,它就会变成一种消极的信念。

父母、老师、公司经理和任何处于权威地位的人都有能力消除他们的孩子、学生和员工的限制性信念和坏习惯。我们都需要积极地激励我们在生活中有能力影响的每一个人。一个人可以改变另一个人的整个生活,只需给他一个新的信念,这种信念反过来又会使他永远摆脱对应的坏习惯。

阻碍你生活的限制性信念:

· 穷人不可能变富。

· 富人运气好,穷人运气不好。

· 我不聪明。

· 每个人都认为我很丑。

· 我的钱永远不够用。

· 我什么都做不好——我尝试的一切都失败了。

- 别人不喜欢我。
- 我做事没头绪，不自律。
- 我不擅长（填空）：读书、做饭、干活、看书、处理人际关系等。
- 我减不了肥。

这些限制性信念中的每一个都是一个单独的微型计算机程序，让我们的行为向负面消极的方向改变。这些限制性信念是导致我们现在生活状态的原因。如果我们不快乐，想要改变生活境况，我们需要用积极向上的信念来取代这些限制性信念。这是可以做到的。

这里有一些可以重新设置你潜意识信念系统的强有力的策略。如果你能连续三十天遵循这些策略，重新设置的程序就会开始慢慢固定下来，你也会经历一个思维从消极到积极的转变过程。而且，这个过程很好玩。

写下你的讣告

这个练习迫使你评估你目前的生活，给你一个机会为未来重写你的剧本。你希望你的讣告怎么写？你希望世界如何记住你？把你想在生活中完成的所有事情写进去。不要吝啬。列出你在生活中实现的所有梦想。你的讣告应该让你对自己感到敬畏。一定要抬高自己。让它为你的伟大和成功讴歌。让它描绘出你想成为的理想人物。让这份讣告成为你未来理想生活的蓝图——未来的你自己。

梦想设定

第一步——编写你理想的未来生活剧本。

为你理想、完美的未来生活创建一个剧本。设计五年、十年、二十年后的样子，用1000字或更多的文字描述一下你惊艳众人的未来生活是什么样的。

第二步——列出每个梦想。

列出剧本中的每个梦想。然后将这份清单缩减到你最希望实现的五个梦想。

第三步——围绕梦想制订目标。

把你的目标看成帮助你创建理想生活的施工人员。根据我的富有的习惯研究，每个梦想通常需要实现四个或更多目标。

目标只有在具备两个要素时才算目标：

1. 行动。

2. 百分之百可实现。

为了使目标能够实现，你必须具备实现目标所需的必要知识和技能。那些未能实现目标的人几乎总是因为缺乏完成目标所需的知识或技能而失败。在这种情况下，你必须在追求目标之前就获得知识并培养必要的技能。

创建一份胜利日志

这是一份列出了你生活中所取得的所有成功的清单，其目的是防止出现几乎所有人都会做出的自我负面批评。它是一种帮助我们的思维从消极转变为积极的工具。积极思考通过对我们的旧大脑进行积极正面的重新编程，吸引美好的事物进入我们的生活。

胜利日志有助于将我们的思维从消极转变为积极。当我们读我们生活中所有的成功案例时，我们从消极转向积极。这使我们的旧大脑更关注成功，而不是失败。这是在心理上的自我鼓励，非常有效。每次搞砸的时候，拿出你的胜利日志看。它会防止你在一天的剩余时间里自责，防止你变消极。

错误和失败只不过是要吸取的教训。它们不是我们能力不足、教育水平不够或某些性格缺陷的反映。它们只是可以从中学习的东西。胜利日志有助于我们更好地理解和看待所犯的错误和出现的失败，使我们保持在致富思考的道路上。

创建一个未来胜利日志

这是一个对未来胜利的设想清单。像胜利日志一样，未来胜利日志帮你重新设置你的大脑，使其关注成功，而不是失败。它将你的想法从消极转变为积极。

围绕你的目标创建日常自我肯定语

自我肯定必须使用现在时，也代表未来的状态。例如"我是我公司最厉害的销售人员"。当自我肯定与我们的目标、梦想或生活的主要目标联系在一起时，它的效果最好。

创建一个愿景板

愿景板是我们生活中所渴望拥有的事物的视觉化展现。将一些图片剪下来，粘贴到你的愿景板上，它代表了你想住的理想的房子、你想开的理想的车、你理想的职业、你的银行账户存款、你想去度假的地方、你想做的事情、你想结识或成为朋友或与之做生意的人等。把这个愿景板放在你可以看到的地方，早上醒来后和晚上睡觉前都看看它。

冥想

坐在椅子上，让自己舒服一点。闭上眼睛。感受你的眼睛在放松，然后是你的整个头部，然后是你的脖子，然后是你的肩膀，然后是你的胸部，然后是你的手臂，然后是你的腰部，然后是你的腿，然后是你的脚。做三十次深呼吸，在脑海中想象每个数字。让所有的想法像火车车厢一样一个接一个地飘过。当你看到数字 30 时，想象你的梦想变成现实。可以想象你所有的目标都正在实现。想象你的理想生活，有理想的家、理想的工作、可观的收入，以及健康的身体。看到自己快乐和成功。寻求帮助以克服当前阻碍你的任何障碍。睁开眼睛，说"我很快乐"。

总结：

成功人士明白，消极的信念会妨碍他们成为获得成功所需要成为的人物。

○ 富有的习惯之十四

我会寻找成功的导师。

为了获得成功，我们必须跟随富人的脚步前进。根据我的富有的习惯研究，最快、最有效的方法是找到成功的导师。这是致富的捷径。导师定期积极参与我们的成功过程，教我们什么该做、什么不该做。他们与我们分享他们从自己的导师或生活磨炼中学到的宝贵人生经验。他们打开了原本关闭的大门。找到成功的导师是致富途中最好，也是最不痛苦的方式之一。

五种找到成功导师的方法

1. 父母——父母通常是我们所有人在生活中拥有成功导师的唯一机会。这就是家庭教育如此重要的原因。父母需要成为孩子的成功导师。他们需要教孩子养成良好的日常成功习惯。如果他们不这样做，他们的孩子就很可能会在经济上步履维艰。

2. 老师——好的老师就是好的导师。老师可以加强孩子在家中从父母那里得到的指导，或者介入孩子的成长，提供在家中缺乏的但又迫切需要的成功方面的指导。

3. 主管——对那些不那么幸运，不能有父母或老师提供成功指导的人来说，在工作中找到一个可以担任导师的人将确保人生取得成功。在工作中找一个你钦佩、信任和尊重的人，让他成为你的导师。这个人应该至少比你高两个级别。

4. 阅读——许多成功人士将他们的人生成功归功于自主阅读，成功作家如戴尔·卡耐基、厄尔·南丁格尔、奥格·曼迪诺和杰克·坎菲尔德。书籍可以取代现实生活中的成功导师。

5. 生活磨炼——当你从生活这个学校学到良好的日常成功习惯时，你就是自己的导师了。你教自己什么该做、什么不该做。你从错误和失败中吸取教训。这是一条艰难的道路，因为错误和失败带来时间和金钱上的损失。

了解我们为什么失败可能比了解我们为什么成功更为重要。如果你想在生活中取得成功，你必须了解什么不该做。在追求梦想或你所热爱的事情时，有两种方法可以了解哪些事不该做。

1.简单的方法——找到成功的导师，从他们的错误和失败中吸取教训。

2.艰难的方式——通过生活的历练。这是一条艰难的道路，因为你往往需要付出时间和金钱成本来了解什么有用，什么没有用。这在情绪上也是一次过山车之旅。当事情出差错时，会有消极情绪；当事情进展顺利时，会有积极情绪。艰难的道路需要巨大的毅力和耐心。

如果你是穷人或来自中产阶级，你可以在工作场所、非营利组织、贸易团体、商业团体、慈善机构等找到这些成功导师。他们可以在书里或大师思维小组中找到。一个大师思维小组通常由五到六人组成，他们每周进行一次面对面或线上会面，分享最佳做法、好的建议，帮助你解决各种问题和难题。

总结：

为了获得成功，你必须跟随富人的脚步。找到自己的成功导师是最近的致富之路！

○ 富有的习惯之十五

我每天都会专注于我的梦想和目标。我不会让自己从我的梦想和目标中分心。

大多数人对自己的行为、习惯和思维，以及他人的谈话、行为和周围的环境完全无知。关于此现象，人们做了一个又一个的研究，他们甚至创造了一个短语来描述它——非注意盲视。这种注意力失明的主要原因是有意识的大脑无法同时处理多项任务——无法有意识地同时做两件事。我们一次只能有意识地专注于一件事。当我们专注于某件事时，其他一切都消失了，被我们的意识所忽略。我们大脑的 RAS 阻止所有感官输入，除了完成任务所需的输入或帮助我们完成所专注的事情（例如梦想或目标）所需的输入。RAS 只有在一些意想不到或新颖的事情引起它的注意时才会偏离这一过滤功能。得益于 RAS，我们专注的能力异常强大。

虽然这看起来可能是一个固有的缺陷，但事实并非如此。正因为这一集中注意力时会忽略几乎所有我们焦点之外事情的能力，人类才能够将人送上月球，建造布鲁克林大桥，分裂原子，并取得如此多其他成就。如此专注于一件事的能力实际上是我们最大的优势之一。这就是像詹姆斯·卡梅隆（电影《终结者》《泰坦尼克号》和《阿凡达》的导演）、金·凯瑞（著名喜剧演员）和 J.K. 罗琳（"哈利·波特"系列的作者）这样著名的成功人士可以摆脱令人难以置信的贫困状态，并神奇地将自己转变为白手起家的百万富翁的原因。这三个人都曾一度穷到只能住在自己的车里。

遗憾的是，绝大多数人坚持认为，穷人几乎不可能摆脱贫困成为富人。这种限制性的信念是我们这么多人陷入贫困的代际循环的原因。

任何接受这种信念的人，都无法利用专注的力量来摆脱他们不良的财务状况。这是不幸的，因为专注的力量是穷人的逃生舱口。它可以使任何人摆脱最糟糕的财务状况。

成功人士明白，如果没有强烈而不间断的聚精会神的能力，就无法实现任何目标。然而，大多数不成功的人将绝大多数时间花在多任务处理上，这只会分散他们执行重要任务的注意力。重要任务是指那些你每天都应该做的事情，这些事情推动你实现某个目标或人生梦想。分散注意力会让你远离你的重要任务。成功人士明白，为了完成重要任务，他们需要在一天中分出整块的时间，来进行注意力高度集中的工作。

让我对专注这个问题稍作展开。专注有两种类型：强制专注和非强制专注。

强制专注依赖于新大脑，即我们有意识的大脑，也称为大脑皮层。通过强制专注，我们依靠意志力能量来集中注意力。然而，意志力能量的寿命很短——通常一次2—3小时。利用意志力集中注意力，会迅速耗尽大脑的葡萄糖（脑燃料）。因此，大脑在依靠意志力时并不能发挥最佳作用。它更喜欢情感力量，这种力量是由一种更强大的专注类型释放出来的，被称为非强制专注。

非强制专注不依赖于意志力这个我们新大脑所使用的能量来源。相反，它依赖于情绪——我们旧大脑的能量来源。当我们追求让我们非常热衷的、能激起我们的情绪的东西时，就会出现非强制专注。它使我们能够以更快的速度学习，因为它使我们能够长时间不间断地集中注意力。当我们处于非强制专注的状态时，我们就更容易获得新知识和新技能。非强制专注是你能拥有的最强烈的专注类型。爱迪生有，特斯拉有，爱因斯坦有，史蒂夫·乔布斯有。能够利用非强制专注的人可以一心一意地做一件事长达数小时，数天，数周甚至数十年。当你处于非强制专注状态时，你就知道它是怎样的。你无法将自己从活动中抽离出来。开启非强制专注状态的关键，在于追求梦想或梦想背后的目标。这些东西会触及旧大脑的情感部分。这是成功的一个秘诀——成功人士更有活力，因为他们使用非强制专注来实现他们的梦想和梦想背后的目标。

不成功的人不追求目标，没有目的或梦想。因此，他们永远无法利用非强制专注的惊人力量。他们必须依靠意志力驱动的强制专注。他们实际上只使用了大脑的 1/3。

总结：

成功人士每天都在努力。他们每天都集中精力，坚持不懈地追求自己的目标和梦想。

○ 富有的习惯之十六

我只会设定好目标，避免坏目标。

你几乎不会听到任何人在负面的语境中谈论目标。目标几乎总是被认为是好的。但是，有些目标在实现时并没有给你的生活带来真正的价值，却消耗了宝贵的资源。那么，你怎么知道一个目标是好还是坏？

好目标在实现时会产生长期利益，带来长期幸福。它们让你作为一个个体成长，并以积极的方式改变你的行为。好目标让你从 A 点到 B 点，B 点是一个更好的地方，比如更多的财富、更好的工作、更高的收入、孩子上更好的学校等等。一个好目标的例子是体重减掉 20 磅。设定一个减肥目标通常会涉及日常锻炼、健康饮食和健康的生活方式。良好的健康源于锻炼和合理饮食。它也可能激励你有节制地饮酒或戒烟。当你的体重最终降下来的时候，你会收获赞美，感到更健康,所有这些都会创造持续的幸福感。

好目标的其他例子

·成为大师——许多成功人士都是大师或利基专家。他们每天都花时间在公司、行业、职业、专业或业务的某一特定领域培养专业知识。专业大师有更多的价值,因此能够使他们销售的产品或服务获得溢价。

·创办副业——许多成功人士在为他人工作的同时开始创建他们自己的成功事业。在保持全职工作的同时,发展副业是可能的。这不仅可以增加额外收入,而且最终可以让你拥有离开本职工作的自由,从而全身心地投入自己的事业中。

·改善外表——许多成功人士经常举重锻炼。通过举重塑造更强壮、更健康的身体会让你的外形更好。当你看起来不错时,你会对自己更有信心。这种自信会被你身边的人注意到,让你更有吸引力。

·成为演讲者——一些成功人士是优秀的演讲者。去加入Toastmasters[1]或一些类似的演讲者组织,以培养你的演讲技巧,会让你长期受益。成为一名优秀的演讲者可以让你在工作和行业内竞争中脱颖而出。成为一名好的演讲者,会让你被公司或行业中的其他人注意到。这通常会转化为一份更好的工作、更高的薪水,以及更多的责任。

·成为一名作家——一些成功人士为行业杂志和新闻通讯撰稿。还有一些人写书或写博客。开设博客是培养写作技巧、打磨技术专长的绝佳方式。成为一名优秀的作家会让你成为你所写主题领域的专家。这会为你在工作中晋升、获得行业内新的工作机会或为额外收入来源

---

[1] 一个帮助成员提高表达能力的国际性非营利组织。——编者注

打开大门。

坏目标会带来短暂的幸福，而在实现时不会带来长期好处。一个坏目标的例子是拥有一辆法拉利。为了拥有一辆法拉利，你必须赚更多的钱。赚更多的钱可能涉及做更多的工作或承担过多的财务风险（比如赌博）。做更多的工作有成本效益——你投入的时间是你永远无法收回的。

这里不要误解我的意思。多工作赚更多的钱可以是一件好事。但是，当你用这笔钱去买东西——比如一辆法拉利时，你从拥有更多或更好的东西中获得的快乐会随着时间的推移而消退，因为大部分购物让人获得的快乐通常是短暂的。你最终会回到你的遗传幸福基线。几周后，那辆法拉利就变成了你开的车而已。然而，失去的陪伴家人的时间却永远无法挽回。相反，如果目标是明智地将你赚到的额外的钱用于仔细衡量之后的风险中，例如副业、投资或让你能多花点时间与家人相处的度假屋，那么它将"工作更多或赚更多"的目标转化成了一个好目标。

其他一些坏目标的例子

• 买彩票——通过玩彩票致富是一个糟糕的目标。中奖的概率很小，而彩票会花掉你本来可以存起来、谨慎投资从而创造未来财富的钱。

• 购买豪宅——除非这是出于需要（如家庭添丁），否则购买更大的房子是一个坏目标。更大的房子需要更多的维护、更高的水电费，并且你付给银行的抵押贷款利息也更多。

• 购买昂贵的船——这是另一个坏目标的例子。船很贵，你花在船上的钱可以更好地用于为养老存钱或建立投资组合。

• 去国外度假——虽然去有异域风情的地方旅行有一些教育意义，

但把辛苦赚来的钱存起来只是为了把它花在昂贵的度假上，意味着没有用这些钱来积累财富。

·摧毁你的竞争对手——当你专注于摧毁你的竞争对手来提高市场份额，而不是改进你的产品或服务时，你就会损害你的业务，破坏你的行业关系；这些人有一天可能会雇用你或与你合作。参与竞争性战争通常只带来两件事：利润减少和断掉自己的后路。

实现一个目标的好处应该是创造长期利益：更强大的企业、更多时间与家人在一起、更多的知识或专长、财务独立、改善健康等等。当一个目标的实现不能长期改善你的生活时，这就是一个坏目标。如果你追求的目标是为了拥有更多东西或创造一些短暂的快乐，这就是坏目标。

所以，要留意你所追求的目标。并非所有目标都是一样的。

成功人士明白好目标和坏目标之间的区别在哪里。他们不会把时间浪费在那些不会创造长期利益的目标上。

不成功的人追求的目标会给他们带来短期的快乐和即时的满足。

总结：
只关注那些能带来长期利益、能帮助你更靠近自己梦想的目标。

○ 富有的习惯之十七

我会在追求我的梦想和目标的过程中承担经过衡量的风险。

成功人士都是爱冒险的人。他们所冒的风险让大多数人畏缩不前。

风险是成功的必要组成部分。如果不冒险，你就不可能成功。但我所指的风险不是赌徒所冒的那种风险。成功人士所承担的风险被称为经过衡量的风险。这是一种需要深思熟虑分析的风险。它要求你研究该风险相关的任何行动的所有变量。衡量风险意味着你已清楚可能导致失败的每一种潜在情况。在承担经过衡量的风险时，你会为所有可能的突发事件做好准备。这需要大量的工作和思考。因此，在出现问题时，你绝不会被吓倒。在出现问题时，你也永远不会惊慌失措。你为每个可能的结果都制订了深思熟虑的应急计划。你已经为最坏的情况做好了准备。这就是经过衡量的风险。

不成功的人冒未经衡量的风险。赌博就是一个例子。未经衡量的风险不需要思考，不需要分析，不需要做什么，也不需要投入多少时间和金钱。赌博是懒人冒险。

总结：
成功的人不怕冒险。他们不怕投入时间、金钱和思考来追求他们所热爱的东西。

○ 富有的习惯之十八

我会每天保持耐心。
专注、坚持和耐心是所有成功人士的三个共同特征。但耐心可能是最难学习的特质。成功需要时间。它不会在一夜之间发生。在我的富有的习惯研究中，百万富翁平均需要12到32年的时间才能积累他们的财富。

追求成功的过程有起有落。有些时候，事情会如你所愿，但大多数时候并非如此。当事情不顺心时，我们很容易感到沮丧并放弃。大多数人都会这样做，而大多数人都不成功。

但成功人士不会放弃。他们耐心地追求自己的目标和梦想。他们以长远的眼光看待成功。他们接受成功的实现可能需要数年甚至一生时间的观点。他们很有耐心。他们不会成为闪亮物体综合征的受害者。他们多年来一直坚持做一件事。这种耐心使他们能够获得知识和技能，为他们争取时间进行调整，并使他们能够专注于自己的目标和梦想。耐心最终会为我们所有的问题提供解决办法。有时，这个解决办法是一个想法，一个策略或为你的事业找到合适的拥护者（合作伙伴）。没有耐心，这些想法、策略都不可能实现，拥护者也不会出现。耐心会创造机会运气，这种运气是成功人士的标志。

每个成功的人都曾在耐心这条路上受过挫折。机遇之神直到桑德斯上校60多岁时才光临他。罗德尼·丹格菲尔德46岁时才在埃德·沙利文的节目中获得第一次机会。在成为总统之前，亚伯拉罕·林肯在竞选公职时多次失败。成功人士耐心地追求他们的目标和梦想。

不成功的人则缺乏耐心。一旦遇到障碍，他们不是去调整，而是放弃。他们缺乏成功所需的耐心。结果，机会运气永远没有机会光顾他们。他们无法找到解决问题的办法。他们永远找不到那个帮助他们实现目标或实现梦想的拥护者。

总结：

成功人士耐心坚持。

○ 富有的习惯之十九

我会努力超越别人的期望。

成功人士所做的每一件事都会超越别人的期望。这样做有助于建立别人对你的信任和信心。它让别人相信你。因此，他们更乐意给你更多的责任。这会给未来带来更多的机会。

为了超越期望，成功人士养成了低承诺、高交付的习惯。甚至在接受任何挑战之前，他们就在为成功做准备。成功人士养成了一个习惯，通过在承诺之初降低他人的期望值的方式，改变对方对现实的看法。通过以这种方式降低期望值，他们为自己的成功奠定了基础，从而更容易通过超额交付来超越期望值。这使他们最后能让别人惊叹。

不成功的人倾向于在开始而不是结束时让别人惊叹。因此，他们一开始就做出超出别人期望值的承诺。这就倒过来了。不成功的人一开始就把标准定得太高，然后就不能满足别人的期望。这会导致别人对你不信任，失去信心。最终，责任将从你身上被夺走，这会让你在日后失去机会。

总结：

成功人士通过在任何项目或计划的一开始就管理好预期来超越别人的期望。

○ 富有的习惯之二十

我会创造多种收入来源。

成功人士并不依赖一种收入来源。他们在一生中创造了多种收入来源。在我的富有的习惯研究中，65% 的富人至少有三种收入来源。换句话说，他们"在许多池塘里都插几根杆子"。因此，当一个来源因某个原因枯竭时，他们能够从其他来源获得收入。

一些其他收入来源包括：副业、房产租赁、房地产投资信托基金、共有租赁房产投资、三重净租赁、股票市场投资、年金、季节性房产租赁（海滩租赁、滑雪租赁、湖滨租赁）、私募股权投资、公司部分股份、融资投资、辅助产品或服务以及特许权使用费（专利、书籍、石油、木材）。每一个额外的收入来源都会给他们带来额外的资金，然后他们就可以用来投资，创造更多的收入。

不成功的人仅依靠一种收入来源——他们的工作。他们把"一根杆子放在一个池塘里"，当单一的收入来源受到经济衰退的影响时，他们在经济上就会遭受损失。

如果你需要养一家人，创造额外的收入来源并不容易。但是，要明白这一点，随着你的孩子越来越大，这会变得更容易。当他们接近上大学的年龄时，与子女有关的责任会开始减少。你最终会有更多时间用于扩大这些收入来源。现在——在孩子还小的时候，其实是一小步一小步开始慢慢建立一些副业的最佳时机。我说的是利用每周不超过 10 小时的时间，投入你所热爱的、最终会帮你赚钱的事情上。我说的是现在对自己和你的未来进行投资，这样你就可以在未来收获红利。

相信我，你会很高兴自己这样做了，因为随着孩子年龄的增长，他们的财务需求会变得更大。想想大学学费、结婚资金、帮助你的孩子为他们的第一套房子支付首付款，或者帮助你的孩子资助他们的孩子，也就是你的孙子孙女们上大学。

这些收入来源最终会带来足够多的收入，让你能够辞去全职工作，并雇用帮手来帮你管理你的投资项目。你将因此获得自由，去享受红利：你的度假屋会成为已经成年的孩子们常聚的地方，你也财务独立，就不会给子女带来经济负担，退休后无须为财务烦恼，还有钱来帮助你的成年子女买房，并资助他们的孩子读大学。

把所有的鸡蛋放在一个篮子里最好的结果是得到平庸的结果，最差的结果是金融灾难。如果你把所有的鸡蛋放在一个篮子里，而那个篮子坏了，你怎么办？

如果你想让你的生活在今后更轻松，现在你就需要投资自己。找到你真正热爱的，并有可能产生额外的收入来源的那些事。激情是关键。到目前为止，激情是白手起家的百万富翁最重要的特质。它是将普通人转变为白手起家的百万富翁的催化剂。当你追求你真正热爱的事情时，你就能够以某种方式找到时间来投入其中。但是，如果不努力，你将永远不会找到你的激情所在。你必须在今天就采取行动，对自己进行投资，以创造你未来想要过的生活。

如何创造多种收入来源？

·储蓄和投资——每年将净收入的10%或更多存起来，并谨慎地投资这些存款。

·扩大你的收入来源——着手一项能产生额外收入的副业。

·创建多个投资篮子——将你的存款和额外收入投资于能产生被动

收入的领域，例如住宅出租房产、商业租赁房产、三重净租赁、季节性租赁（海滩地区，滑雪胜地，湖滨区）、股权投资（股票、债券、共同基金）、年金、永久人寿保险、产生特许权使用费的财产（木材、石油和天然气）、船只租赁等。如果你自己做不到，就和别人一起合作，不断建立产生被动收入的资产组合。

总结：
如果你想变得富有，你需要创造多种收入来源。

○ 富有的习惯之二十一

我会利用杠杆的力量，帮助我实现目标，实现梦想。

成功人士利用杠杆的力量来帮助自己实现目标和梦想。杠杆意味着利用你所有的资产、知识、技能、时间和关系来获得你想要或需要的生活。例如，成功人士会向与他们志同道合的"富人关系"伸出援手，将这些人介绍给能够以某种方式对其提供帮助的个人或团体。这些人能够打开原本对他们关闭的大门。另一个例子是成功人士利用时间的方式。每个人每天都只有 24 小时。在这一方面，我们都是平等的。成功人士明白，为了利用时间，他们需要别人帮助他们拉车，以推动他们实现自己的目标和梦想。十个人为同一个目的一起工作，就等于每天有了 240 小时。

杠杆的另一个例子是成功人士利用知识和技能的方式。他们明白自己不可能什么都懂，也不可能什么都擅长，因此成功人士会利用他们人际关系中其他人的知识和技能。他们利用其核心圈子中每个人的集体知识和技能来帮助自己实现目标和梦想。

不成功的人不会利用杠杆的力量来帮助自己。他们不依赖任何人，只依靠他们自己。因为他们不具备许多富有习惯，例如建立人际关系、社交、首先给予等，所以他们没有太多的杠杆可以用。

当你了解了杠杆的力量时，你就可以获得他人的资产、技能、知识和影响力。当你与他人合作实现一个共同目标时，杠杆可以帮助你成倍地增加你一天的时间。

总结：

成功人士每天利用杠杆的力量，帮助自己向实现自己的目标和梦想靠近。

○ 富有的习惯之二十二

我不会让恐惧或怀疑阻止我为自己的目标和梦想采取行动。

我们大多数人完全没有意识到自己的想法。如果你停下来倾听自己的想法，意识到它们，你会发现它们中的大多数是消极的。但只有你强迫自己意识到这些想法时，你才会意识到自己有这些消极的想法。自我意识是关键。这方面的新时代术语是"正念"。

从生理学上讲，这些消极的想法，我们头脑中的声音，来自大脑中一个叫作杏仁核的区域。杏仁核位于旧大脑的边缘系统部分。它从未停止对我们说话。它的存在是有目的的。把它想象成类似雷达系统的东西，它会警告我们有危险。它传播担心、恐惧或疑虑。当我们开始做新的事情或涉及风险的事情时，这个声音就会对我们说各种负面的东西。这个声音的触发因素是新的目标、追求梦想、将我们的钱投资于新的业务或新的项目、新的工作机会、可能会有新责任的晋升机会等等。它对我们说的事情包括：

- 你可能会失败。
- 你可能会赔钱。
- 你可能会做得不好，被炒鱿鱼。
- 你可能会破产。

这个声音是在警告我们停止做正在做的事情，扭转方向，回到我们的舒适区。

不成功的人向这个声音屈服。

成功的人不理会这个声音。尽管他们有恐惧和疑虑，他们还是会追求目标、梦想、新的商机和生活中的新挑战。为什么成功人士能够克服怀疑和恐惧的负面声音？他们是如何克服这些声音的呢？成功的人会玩一种我称之为"如果……"的游戏：

- 如果我成功了呢？
- 如果我喜欢做这个呢？
- 如果我赚的钱比我预期的多呢？
- 如果这没有我想象的那么难呢？
- 如果这让我快乐呢？
- 如果这能帮助我的家人呢？
- 如果这创造了我梦想中的生活呢？
- 如果这让我更有价值呢？

这种"如果……"游戏阻止消极情绪,并用积极情绪取而代之。它化解了我们在追求有价值的东西时所面临的所有恐惧、怀疑和不确定性。它立即改变了我们的思维方式。它给了我们前进的勇气。

下次当你面临一个艰难的抉择时,就玩一玩这个"如果……"假设游戏。不要向恶魔的声音屈服。如果恶魔的声音错了呢?

总结:
成功的人不会向怀疑和恐惧屈服。

○ 富有的习惯之二十三

我会寻求他人的反馈。

成功人士不断寻求反馈。他们将此作为一种习惯。反馈可以改善他们在事业上提供的任何产品或服务。成功人士将反馈视为一项侦察任务。这使他们能够获得有价值的信息,为他们所做的一切增加价值。养成寻求反馈的习惯让成功的人与众不同,这使他们能够不断学习和改进。成功人士会从同事、主管、员工、客户和其他业务合作伙伴那里寻求反馈。换句话说,他们从那些重要以及他们尊重的人那里寻求反馈。

不成功的人会避免反馈。对批评的恐惧使他们退缩。恐惧是一种负面情绪,会阻碍他们的生活。他们向害怕被批评的恐惧屈服。

你需要了解你正在做的事的方方面面,搞清楚自己是否走在正轨上,是否需要转换方向,或者改变做法。与浪费时间和金钱去通过失活的磨砺吸取教训，弄明白哪些事不要去做这个途径相比，向他人寻求反馈的方式成本会低得多。通过人生这一学校来学习的路是艰难而且昂贵的。寻求反馈是通往成功的更简单、成本更低的道路。反馈会保证成功，至少保证你不会失败。如果你经常回避反馈，那么你的人生模式是出于恐惧而行动的。

总结：

不断地自我完善是成功人士的标志之一。成功人士寻求反馈，以帮助他们不断地学习和改进。

○ 富有的习惯之二十四

我会主动提出我想要什么或者我需要什么。

"求，必赐"，这是《圣经》中最著名的经文之一。这是非常有道理的。当你主动要求自己想要或需要的东西时，你确实有可能得到它。成功的人明白这一点，所以他们养成了向他人提出要求，表明自己想要或需要的东西的习惯。

不成功的人不会这样。为什么？害怕。事实上，这种害怕分为两类。

1. 害怕被拒绝——对不成功的人来说，拒绝会让他们感到尴尬、被羞辱或在某些方面被贬低。

2. 对义务的恐惧——义务意味着你欠某人一些事情。有人帮了你一个忙，现在你欠他们的。不成功的人不会向别人寻求帮助，因为他们不想让自己觉得对别人有义务。

成功人士使用两种策略来帮助他们克服这两种恐惧。

1. 他们管理自己的期望值——当我们在请求帮助后期望得到一个"行",但得到了一个"不行"时,我们会立即变得不快乐或沮丧。成功人士都明白这一点。因此,为了将负面情绪排除在外,他们在寻求帮助时通过调节自己的期望值,让自己接受"不行"来管理自己的预期。他们实际上会期待被拒绝。即使他们被拒绝,他们也可以接受。他们不会因为请求被拒绝而变得不快乐或沮丧。如果有人给他们惊喜,说"行",他们会立即变得快乐、乐观和热情。

2. 他们明白,义务带来伙伴关系——成功人士明白,当他们对某人负有义务时,这实际上加强了他们与那个人的关系。义务造就伙伴关系。成功人士明白,他们需要伙伴关系才能在生活中取得成功。义务是获得有价值的合作伙伴的一种方式。

总结:

成功人士向他人提出自己想要或需要什么,以便为他们的事业赢得合作伙伴。

○ 富有的习惯之二十五

我会针对自己的情况制作"禁忌事项清单",并每天遵循它。

我们都听说过待办事项清单。最好的待办事项清单包含了能促使你完成你的目标和梦想的每日活动。

但你可能从未听说过"禁忌事项清单"。一份禁忌事项清单包含了你绝对不应该做的事情，因为它们要么是浪费时间的事情，要么是坏习惯，要么是阻碍你过上幸福、成功生活的事情。一份典型的禁忌事项清单可能包括以下内容：

·今天看电视不要超过1小时。

·今天不要在Facebook、Twitter（推特）、YouTube等上面浪费时间。

·今天不要羡慕任何人。

·今天不要冲动购买任何东西。

·今天不要八卦。

·今天不要赌博。

·今天不要过量饮酒。

·今天不要发脾气。

·今天不要忽视我的家人。

·今天不要阅读负面新闻文章。

·今天不要拖延。

·今天不要嘲笑任何人。

·今天不要恨任何人。

·今天不要抽烟。

·今天不要消极。

在我的富有的习惯研究中，完成清单上每一个禁忌事项是许多白手起家的百万富翁的富人习惯。成功人士明白，"不要做"清单与"要做"清单同样重要。他们明白，在获得成功的过程中，知道不做什么与知道要做什么同样重要。

不成功的人没有意识到他们正在做的那些事情阻碍了他们的生活。

禁忌事项清单有助于让你意识到你不应该做哪些事情。待办事项清单虽然是一个很棒的成功工具，但只能让你成功一半。禁忌事项清单会带你走完后面的路。禁忌事项清单迫使你注意到你正在做的事情可能会阻碍你的生活。

总结：
成功人士对他们不应该做的事情和他们应该做的事情一样清楚。

○ 富有的习惯之二十六

我会提出问题，以便向他人学习。

有一个常见的误解是成功人士不会提出问题。这种观点认为，如果有人一直在问问题，那是他们一定需要去这样做，因为他们没那么聪明或知识渊博。但实际上，如果你想在生活中取得成功，提问是你能做的最聪明的事情。

成功人士在成功之前很早就想通了这一点。他们痴迷于提问。他们明白，通过提问获得信息只是获得知识的另一种方式。对他们来说，提问可以为他们学习新信息节省大量时间。

不成功的人害怕提问。他们担心提出问题，别人可能会看轻他们。结果，他们限制了自己从别人那里学习的能力。

总结：
成功人士并不害怕提问。他们知道提问是获得知识的一种有效途径。

○ 富有的习惯之二十七

我将努力为他人的生活增加价值。

成功人士明白,要想获得,首先必须付出。这是成功的普遍法则之一,以前如此,今后也会一直如此。如果你想在生命中取得成功,你必须先给别人带来价值。

不成功的人有一套"我先你后"的哲学。他们想知道在把时间用在别人身上之前,他们能得到什么好处。他们对世界有一种自私的看法。

只要看看任何非营利组织或慈善机构的董事会就知道了。许多管理非营利组织或慈善机构的人碰巧都是成功人士。这让你感到惊讶吗?不应该。物以类聚,人以群分。如果你想知道许多富人和成功人士在哪里聚集,请加入当地的慈善机构或非营利组织。这是富人用来与其他具有成功意识的人建立关系的途径之一。这些人往往最终会一起做生意,并帮助彼此茁壮成长和成功。

你不会看到很多自私的人在慈善机构或非营利组织做志愿者。这有悖于他们的"我先你后"的理念。

总结:

成功人士在奉献自己的时间时,并不期望自己会在经济上受益。他们专注于为他人的生活增加价值。

○ 富有的习惯之二十八

我会养成创造幸福的习惯。

其中一个关于幸福的问题是，我们都被设定为要追求幸福，就好像它是某种目标一样。所以我们出去买东西来使自己快乐。购买东西可以创造短暂的幸福。最终，这种幸福感会逐渐消失。同时，钱却没有了，或者留下必须偿还的债务，这会造成长期的不快乐。

或者，我们追求能给我们带来尽可能高薪酬的职业，因为我们相信，如果我们赚了很多钱，我们就能用高收入买到幸福。因此，我们花很多时间工作，辛勤劳作，随着时间的推移，我们意识到自己并不快乐。我们不喜欢自己的工作。当这种情况发生时，你的房子有多大，你开多好的车，或者你拥有多少其他东西，真的都不重要了。

幸福不是一个目标。它是一种心态，一种生活状态。换句话说，是一种习惯。

成功人士会让幸福成为一种日常习惯。他们通过追求能产生长期幸福的活动（目标和梦想）来投资于他们的长期幸福。他们与那些快乐的人交往，避免与不快乐的人交往。他们对自己拥有的东西表示感恩，这使他们能够关注积极的方面，而不是消极的方面——他们缺什么。他们避免参加产生短期快乐的活动，因为他们明白这些活动通常会产生长期的不快乐。

不成功的人是不快乐的，他们会做任何事情来获得快乐。遗憾的是，他们用来追求幸福的一些方法具有破坏性。吸毒、酗酒、背叛、赌博、暴饮暴食和许多其他不良行为都是不成功的人为了寻找暂时的幸福会去做的事的例子。这些不良行为最终会变成习惯。当这些不良习惯不再给他们带来短期的快乐时，他们往往会转向另一个不良行为，这很快就会变成另一个不良习惯。这种趋势往往会持续一生。这是一种破坏性的趋势，会导致离婚、失业、健康状况不佳，最终导致生活不幸福。

关于幸福的一些背景

人们对幸福进行了各种研究。明尼苏达大学名誉心理学家大卫·莱肯对双胞胎进行了有史以来最大规模的研究——以1500对双胞胎为实验对象。在他的研究中，69对同卵双胞胎在出生时就被分开。他的研究发现，这69对双胞胎有许多相似之处，其中包括幸福水平。莱肯得出的结论是，50%的幸福是遗传的，这意味着这根植于每个人的DNA中。

索尼亚·柳博米尔斯基对莱肯的研究进行了扩展。在对幸福的研究中，柳博米尔斯基确定了以下几点：

· 50%的幸福是遗传的，这会创造一个幸福基线。

· 40%的幸福来自各种活动。

· 10%的幸福由你的生活境况决定。

因此，你的基因构造决定了你的"幸福基线"。这是在幸福和不幸福的事发生前后会回落到的幸福基线水平。

这个基线是购买巨型豪宅、豪车、珠宝等不会提高长期幸福感的原因。这也是生活中让你不快乐的事件，如失去亲人、离婚和失败，不会催生长期不快乐的原因。最终，每个人都会恢复到他们的遗传幸福基线。

由于只有10%的幸福是基于环境的，所以财富只会逐步增加幸福感。因此，要显著提高你的长期幸福感的唯一方法是参与产生幸福感的各种活动。

会带来幸福感的习惯

·管理期望值——我们经常过于乐观地看待生活。虽然乐观对成功至关重要，但不快乐的最大原因是没有达到我们为自己设定的期望值。我们需要更现实一点。当追求一个宏大目标、梦想或一个小目标时，你需要把这段旅程分解成可管理的百分之百可以实现的任务。这能保证你达到预期的结果，避免产生不愉快的情绪。它还让你通过超越自己的期望值来惊异于自己的成就，从而创造短期的幸福感。

·培养乐观精神——乐观精神不是你天生就有的。它需要成为一种行为惯例。它需要成为一种日常习惯。成功人士都明白这一点。他们每天都在练习乐观主义思维。这是他们日常生活的一部分。他们所使用的方法包括：

。每天冥想——每天早晚各2到5分钟。想象自己实现了梦想和目标。看到自己过着未来理想中的生活。

。愿景板——5到10张包含了你生活中想拥有的东西的图片。把这些图片贴在纸板上，或在电脑桌面上滚动显示，或贴在你每天都能看到的地方。

。胜利日志——列出你取得的所有胜利。

。未来胜利日志——列出你想象出的未来取得的所有胜利。

。每日自我勉励——这是一些肯定自己实现了梦想和目标的简短的陈述句。

。取消命令——每当一个负面想法或情绪进入你的脑海时，请立即认出它，并在它扎根之前说"取消"。

。编写未来理想生活的剧本——成功人士会用几段话描述他们理想的未来生活的样子。他们每周至少要看一次这个剧本。这个剧本使他们专注于大局，使他们保持积极的心态。

·活在当下——你是否曾在派对、娱乐活动或家庭聚会中心不在焉，想着需要完成的项目、与他人之间的问题，担心财务、账单问题等等？这真是对一个美好幸福事件的浪费。活在当下意味着清除你头脑中所有的想法，享受这一刻，享受当下。当你活在当下时，你就创造了一个幸福事件。当你允许其他想法干扰一件快乐的事时，你就永远失去了这件快乐的事。

·克服一种恐惧——克服恐惧会改变你的思维。它会把你的头脑从消极模式重新编程为积极模式。它会提高你的自信水平。做一些让你害怕的事情会让你走出自己的舒适区，让你焦虑和紧张。同时它也会让你感到振奋。人类不是要成为我们自己恐惧的奴隶。我们的核心恐惧存在于我们大脑的边缘系统部分。大脑皮层是我们大脑中最新进化的部分，它有能力去有意识地克服我们的恐惧感。当你面对恐惧时，大脑的这两个部分开始相互竞争。大脑皮层在体积大小和所拥有的脑细胞数量方面要优越得多。它的神经元比边缘系统多数十亿个。当被召唤采取行动时，它可以轻易克服任何恐惧。成为恐惧的主人，而不是它的奴隶，你就会体验到快乐。

·指导他人——指导关系是双向的。双方都能从中受益。指导者从他们指导的人身上学习。他们创造了痴迷的、死忠的追随者。他们在经济上从中受益——指导者和他们的被指导者经常一起努力。但更重要的是，指导他人是一件幸福的事。它为双方创造了幸福。

·志愿者——当你参与志愿者活动时，你就在回馈社会。你还可以结识新朋友，并建立更牢靠的关系。志愿者在帮助他人的过程中获得了情感上的满足感。志愿服务是一件幸福的事。

· 锻炼身体——锻炼身体是一件幸福的事。虽然锻炼本身不是一个幸福的过程，但当锻炼结束时，它创造了一种幸福通透的感受。我们感到快乐是因为我们做了对身体有益的事情。你锻炼得越久，你就会越快乐。

· 学习新东西——不管你信不信，学习新东西会让你更快乐。大脑的第二目标（第一目标是让我们活着）是学习。当我们学习新东西时，大脑会产生新的神经突触（连接），这种神经刺激会在身体里催生一种自我满足和更自信的感觉。我们就会自我感觉更好。这并非偶然。这些生理上的幸福感是大脑通过释放神经递质来奖励我们进行某些有益于大脑的活动的方式，这些神经递质创造了我们称之为幸福的感觉。当我们学习新事物时，我们实际上增加了我们大脑的质量。随着新突触产生，神经元（脑细胞）会增加新的树突和轴突分支。大脑是极少数因为用得多而会增加质量的内部器官之一。我们越是学习新东西，大脑就越增长得多，并且它还会用使我们感到快乐的神经递质来回报我们促其增长。因此，每次学习新东西时，你都在创造一个幸福事件。请每天花20到30分钟阅读一些对你的工作有帮助的东西，或提升与你的某些爱好、兴趣有关的知识。去学习，并快乐着。

· 冥想——冥想就像给大脑放假。它可以减轻压力，触发我们潜意识中的创造性力量，并增加端粒酶——一种保持端粒健康的酶。端粒是染色体末端的帽子。当端粒受损时，细胞会衰老（自杀）。这就是我们衰老的原因。我们的细胞停止分裂和死亡，这会导致衰老。如果你从来没有冥想过，请设定一个目标，每天早上醒来后立即冥想60秒，或者晚上睡觉前冥想60秒。这会让你感到更放松，并引起一种幸福的状态。每次冥想都是一件幸福的事。

・练习感恩——你有没有注意到，有些人总是乐观的、积极的、热情的，并看起来很快乐？处于积极、乐观的情绪状态会促进幸福感。你可能认为有些人只是在基因上有这样的倾向，但你错了。富有的成功人士拥有的某些幸福习惯（比如练习感恩）创造了这种积极的心态。这些成功人士在某个时刻发现了幸福的秘诀之一：练习感恩。生活中总有一些东西是值得感恩的。每天练习感恩，让我们重新审视自己的生活。它可以阻止消极思维发生。它将我们的思维从消极变为积极。当我们强迫自己每天反思生活中的幸事（健康、工作、家人、朋友等）时，它会阻止我们去想自己没有的那些东西，从而改变我们看问题的角度。生活中成功和幸福的先决条件是从积极心态出发。请每天去对自己生活中所感激的五件事表达感恩之情。每天都要养成一种感恩的态度，久而久之，你的生活中就会多出一件幸福之事。你做的幸福之事越多，你创造的幸福感就越多。

・与其他快乐的人交往——物以类聚，人以群分。如果你想变得更快乐，你需要与其他快乐的人交往。你需要每周至少花1小时与其他快乐的人相处。你还需要将你与不快乐的人相处的时间减少到每周低于1小时。当你与其他快乐的人结交时，他们会慢慢地把你介绍给他们认识的人，而这些人恰好也是一些很快乐的人。

・放声大笑——你笑得越多，你就越快乐。大笑可以减轻压力和痛苦。它还能激发脑细胞的活力。与有氧运动一样，笑声会增加全身的血液流动。它通过产生抗感染的抗体来增强你的免疫系统，笑声会触发释放内啡肽，从而促进幸福感的产生。每天阅读、听或看一些让你发笑的东西。以愉快的笑声开启新的一天。这就像一种冥想形式，很有趣，也简单。

·追逐梦想和目标——追逐梦想和梦想背后的目标可以带来幸福感。研究表明，我们在基因上被设计成以目标为导向。当我们追求一个新的目标时，我们会激活现有的脑细胞或创造新的脑细胞连接（突触）。当我们追求目标时，新的树突和轴突分支会从新的突触中形成。大脑喜欢这样，当我们在追逐目标的过程中学习新东西时，大脑会释放某些神经化学物质，让我们产生愉悦或幸福的感觉。因此，每当你在追逐目标的过程中学到新东西时，你就会触发一个幸福事件。这一生理机能就是那些追逐目标的人会认为追逐目标和梦想比实际实现目标和梦想更令人兴奋的原因。

·做一些富有创意的事——人类本来就富有创意。这根植于我们的DNA中。追求创意会释放我们内在的天赋。我们都有创造性的基因。当我们追求任何具有创意的东西时，它会引发积极的情绪，并创造新的神经通路。我们的大脑喜欢我们创造新的神经通路，所以它用注入神经化学物质的方式来奖励我们，使我们产生轻快的感觉。每当我们从事创意活动时，我们就在做一件幸福快乐的事。

·追随一个重大目标或你热爱的事——大多数人没有追随自己生活的主要目标。他们是在追随别人的。这可能是母亲的、父亲的、配偶的或在他们生命中其他一些重要的人或物的主要目标。当你不追随你的主要目标时，你就不会快乐。你不会期待周一或任何其他工作日的到来。你会认为生活是苦差事，焦急地盼望周末和假期。你会期待下班后的活动，这往往是不健康的活动，如过度饮酒。你经常沉浸在消极、抑郁的想法中。这不是你应该过的生活。生活是要让我们每个人都追求自己的主要目标。这样做可以唤醒我们内在的天赋，刺激我们大脑中让人类如此独特的创造性部分。追求别人的目标，你不会从生活里获得快乐和成功。你需要遵循自己的安排。你需要追随你自己的重要目标。

总结：
成功人士会培养带来幸福感的日常习惯。

○ 富有的习惯之二十九

我会训练他人对待我的方式。

成功人士明白，如果你想要别人尊重你，恰当地对待你，你必须训练他们这样做。成功人士不会让人无视自己。他们说的"不"比"好"更多。他们会训练别人去珍惜他们的时间。

不成功的人允许别人不看重他们。因为他们自卑，不珍惜自己的时间，所以允许别人伤害他们。

以下是训练他人以你应得的尊重对待你的几项准则：

· 不要对所有事情都说"好"。说"不"会传递一个信息，即你的时间是宝贵的。偶尔说"不"可以让别人知道，他们不能践踏你。说"不"需要勇气。不要让恐惧阻碍你。拒绝他人就像一个"禁行"的标志牌，上面写着"我不是你的奴隶"。对所有事情都说"好"是另一个标志牌，写的是"我是你的奴隶"。总是说"好"会训练他人无视并践踏你。

- 不要为了跟别人和睦相处而退让。过于频繁地让步会发出一个强有力的信息,即你很软弱。偶尔也要固执坚决。让别人知道,你是需要小心对付的人,你很强大且自信。让步,是在训练别人觉得你很软弱。

- 不要摇摆不定。坚守你的立场。如果你不断改变主意或允许别人改变你的意见,你就会发出一个信号,即你可以被随意操控。你会训练别人来操控你。

总结:
成功人士会训练他人对待自己的方式。

○ 富有的习惯之三十

我会找到拥护者来帮助我实现我的目标和梦想。

史蒂夫·乔布斯有史蒂夫·沃兹尼亚克。比尔·盖茨有保罗·艾伦。沃伦·巴菲特有查理·芒格。杰克·坎菲尔德有马克·维克多·汉森。白手起家的百万富翁不是靠自己获得成功的。最厉害的财富都是通过对某个梦想的追逐和实现而积累起来的。这几乎百分之百都需要一个团队共同努力才能实现。那些得以将自己从普通人提升到白手起家的百万富翁地位的人,是那些找到了他们的信徒的人——那些热衷于你的梦想和激情的人。

为自己的"阴"找到了互补的"阳"的最著名的人恐怕就是耶稣基督了。他最后找到了十二个信徒来帮助他传播他的重要信息、传承他的事业。耶稣成功了，不只是因为他的信息重要。耶稣的成功是因为他找到了另外十二个同样相信他的信息和事业的人。如果不是他的十二个信徒，世人就不会知道谁是耶稣基督。

成功人士能够组建由多个人组成的团队，这些人相信他的梦想和目标。他们能够找到那些对他们的事业百分之百投入的人。成功的人明白，找到他们事业的信徒，会将梦想变成现实。

不成功的人不善于建立团队来帮助自己在生活中取得成功。他们单打独斗，希望能够成功。

但找到信徒并不是一件容易的事。大多数会被你的事业吸引的人不会成为信徒。找到那些愿意百分之百投入你的梦想的人很难。你找到的大多数人都在追求自己的方案、项目、梦想和目标。你必须不断寻找，才能找到你的信徒。但付出努力是值得的。你不需要有十二个，只要有一个信徒，你就可以让奇迹发生。

任何曾苦苦寻找自己的另一半"阳"的人都知道，这是一个非常困难和令人沮丧的过程。那些会致力于你的梦想的人才是合适的信徒。他们成为你事业的狂热分子。他们的投入是百分之百的。找到你的信徒意味着你已经找到了一个会拉着同一辆车前进的团队。信徒们会有一个专一的关注点：他们都将致力于把你的梦想变成现实。

马克·维克多·汉森〔《心灵鸡汤》(Chicken Soup of the Soul)的合著者〕在一场演讲后的晚宴上对我说了一句话，我认为很有意义。他说："1加1等于11，而不是2。"

他的意思是，当两个人作为信徒为一个共同的事业联合起来时，他们创造的价值是指数级的，意思是以倍数计算，而不是加法算术。

总结：

每一个加入你团队的信徒，都会让你梦想实现的概率成倍增长。当普通人找到相信他们梦想和目标的信徒时，他们就会成为白手起家的百万富翁。

待办事项

1. 关于财富，你有哪些误区？
2. 你有什么限制性信念吗？它们是什么？
3. 你想养成哪些富有的习惯？
4. 从第一章中更新你的"整合版富有的习惯检查表"。

第三章

财富创造的概念与原则

第 10 节

致富的四大途径——概要

在我为期五年的富有的习惯研究中,我有一个最具革命性和突破性的发现,那就是通往财富的道路有四条:

· 储蓄者 – 投资者之路

· 大企业晋升之路

· 专业大师之路

· 梦想家 – 企业家之路

为什么这如此具有革命性意义?

每个人都从父母那里继承了塑造他们个性的某些基因。此外,每个人的成长环境都不同——我们在不同的家庭、不同的邻里小区、不同的学校长大。我们独特的基因和成长环境塑造了我们成年后所成为的那一个体。

比如,有些人很外向,有些人很害羞;有些人爱冒险,有些人厌恶风险;有些人承压能力强,有些人在太大的压力下会崩溃。

你看，每个人都是不同的，因为每个人都是不同的，所以他们积累财富的道路也必须与他们的特定个性相一致。

害羞、厌恶风险、焦虑的人，会发现梦想家－企业家或大公司晋升的生活不适合他们的个性。最有可能的是，这两种工作环境中的哪一种他们都讨厌。这样的人更适合走储蓄者－投资家之路或专业大师之路来追求财富。考虑到他们的性格类型，这两条路的任何一条对他们来说都是最合适的。

同样，喜欢挑战高风险并似乎对压力免疫的外向型个体，非常适合大公司晋升之路或者梦想家－企业家之路。如果这些人在后台工作，他们可能会讨厌他们的工作。

因为通往财富的道路有四条，所以对那些寻求财富的人来说，知道哪条道路适合自己至关重要。如果你选错了路，成功将会遥不可及，你会在工作和家庭中不快乐。遗憾的是，大多数人都选错了路。

根据"四大"会计师事务所德勤（Deloitte）2012年进行的一项调查，80%的受访者不喜欢自己的工作。盖洛普公司（Gallup）2013年进行的另一项调查显示，在接受调查的23万名员工中，63%的人表示他们对自己的工作不满意。

在我的富有的习惯研究中，97%的穷人说他们不喜欢自己的工作，58%的穷人说他们事实上讨厌自己的工作。我相信许多穷人之所以贫穷，是因为他们所做的工作不适合他们特定的个性特征。

当你不喜欢你的工作时，你只会去做最基本的工作，仅仅是为了保住你的饭碗。你当然不会把业余时间投入你厌恶的工作中来让自己变得更好。

我还从我的研究中了解到，86%的富人喜欢他们的工作，7%的富人热爱他们的工作。这些人成为富人的主要原因之一是,他们所做的工作符合他们的个性特征。当你热爱自己所从事的工作时,你会投入更多的时间来让自己在工作上做得更好。

考虑到这一非常重要的、具有开创意义的研究范围非常广,我会在第四章中更详细地介绍通往财富的四条道路。

第 11 节

梦想设定

成功人士所追求的活动能够创造一种符合他们对生活清晰愿景的生活。这个清晰的愿景会成为他们的蓝图。

遗憾的是,大多数人没有蓝图,这就是大多数人陷入贫困或中产阶级的原因。

你如何为你的理想生活创建一个蓝图?

通过一个我称之为"梦想设定"的过程。你可能以前从未听说过"梦想设定"。"梦想设定"是你实现梦想的基础。"梦想设定"为你的理想未来生活奠定基础。

"梦想设定"涉及三个步骤:

1. 确定你理想的未来生活。

2. 确定你的梦想。

3. 围绕你的梦想设定目标。

○ 第1步——确定你理想的未来生活

"梦想设定"过程的第一步是写下你理想的未来生活的剧本。500到1000字就够了。

以下是创造你的剧本的方法。

第一部分——想象你十年后的生活，你正在写你的个人日记。准确描述你理想的、完美的未来生活是什么样的。你赚了多少钱？你做了什么了不起的工作来获得收入？你美丽的家是什么样子的？描述一下每一个房间。你住在哪个完美的街区或小区？与哪些著名的成功人士有交往？你到过哪些令人称叹的地方？不要吝啬笔墨。用文字描述出一幅画面，充分描绘你十年后的生活。下面是我希望你关注的一些事情。

• 工作：你的工作是什么？你喜欢你的工作吗？你的工作会带你到哪里？你的工作会让你出差吗？你有什么样的福利待遇？

• 钱：你每年赚多少钱？你银行卡里有多少钱？你的钱都投在什么类型的投资上？

• 身体健康：你在未来是否身体健康？你体重多少？你锻炼身体吗？你的运动量多大？你每天都运动吗？你做什么运动？你的身体是什么样子的？你肌肉发达吗？你瘦吗？还是两者都是？

• 家庭：你结婚了吗？你有孩子了吗？你家里有多少人？你未来的理想家庭过得怎么样？

• 房子：你的房子是什么样子的？描述一下每一个房间。描述一下你的后院、你的门廊、你的花园等等。

•人际关系：你有很多朋友吗？有多少个？描述一下你的朋友。他们是什么样的人？他们是做什么工作的？你认识什么名人吗？你认识什么重要人物吗？

•玩具：你拥有哪些有趣的玩具？你有一个度假屋吗？你的度假屋位于哪里？是在海滩上吗？在山上还是湖边？是在一个大城市中吗？你开什么样的车？你有自己的船吗？你有自己的飞机吗？

•娱乐：你有哪些娱乐活动？你未来最喜欢的活动是什么？你去度假吗？你在哪里度假？你的业余爱好是什么？

第二部分——当你描述完你的未来生活后，我希望你现在解释一下你是如何过上这种美妙生活的。在这十年间，你实现了哪些梦想、目标，获得了哪些成功？你克服了哪些障碍？在这个过程中，谁帮助了你？

写这个剧本的关键是要尽可能地详尽描述。要明确你的理想未来生活的每一个方面。细节很重要。人的大脑是用图片来思考的，难以处理模糊的东西。细节有助于你的潜意识将其神经臂膀紧紧搂住你未来的完美生活。这些细节让你的头脑密切关注你生活中想要的东西。它们在你的大脑中启动了RAS。RAS是你人脑的感觉过滤器。你的五种感官总是从环境中获取感官信息。你的RAS过滤掉99%的感官信息，以防止你的大脑过载。它只让某些你所关注的、热衷的或对你很重要的特定东西进入。通过这个创建剧本的过程创建一个蓝图，能指导你的RAS对信息进行筛选，而这些信息将有助于吸引你所描绘的未来理想生活有关的那些事情。创建你的剧本只需要不到1小时的时间。不过，你会发现自己迷失在这个梦想设定的剧本创建过程中。这是因为这个剧本练习会打开你大脑中孩童般的想象力中心。背侧视觉空间网络、前额叶皮层、顶叶和枕叶都会兴奋起来,就像小狗兴奋地摇尾巴一样。

○ 第 2 步——确定你的梦想

一旦你的剧本完成,你就可以进入下一个有趣的步骤,即确定你的每一个梦想。梦想代表了对某种未来、理想状态的憧憬。你的剧本埋藏着你为自己的理想的、未来的生活要实现的每一个梦想。在这里,你要做的是将这些梦想逐一列出。

比如:

- 未来工作——畅销书作家
- 未来年收入——50 万美元
- 有多少钱——500 万美元
- 未来体重——170 磅
- 未来的身体——瘦而且肌肉发达
- 未来的家庭——优秀的配偶和 3 个孩子
- 未来的家——泽西海岸的海滩边
- 未来的汽车——特斯拉
- 未来的人际关系——与众多名人和世界领导人成为朋友
- 未来的娱乐场所——船屋,我后院的爱尔兰酒吧
- 未来度假地——澳大利亚、印度、阿布扎比

其中每一个都是一个梦想。一旦你有了自己的梦想清单,就可以进入梦想设定过程的最后一步。

○ 第3步——围绕你的梦想设定目标

梦想是目标的基础。只有在你确定了你的梦想之后，你才能开始制订目标的过程。这个目标设定过程要求你围绕每一个梦想建立目标。为了围绕每个梦想建立目标，你需要问自己两个问题：

问题一：为了实现每个梦想，我需要做什么，我需要从事什么活动？

问题二：我可以做这些事吗？

如果问题二的答案是肯定的，那么这些活动就是你的目标。

只有当目标涉及实际行动，并且你拥有知识、技能或资源来成功采取行动去实现这些目标时，它们才是目标。

例如，假设你的一个梦想是每年多赚20万美元。你需要做什么？为了赚取20万美元，你需要在一年内做哪些具体的事？打更多营销电话？做更多的培训？获得某个特定的证书？扩大你的产品或服务范围？购买更多的物业出租？投资于更高效的设备或技术？

接下来，你必须问自己，你是否有知识、技能或资源来做你需要做的事情，以实现你每年多赚20万美元的梦想。如果你相信自己有所需要的东西，那么你必须采取的每一个行动都代表着一个目标。如果你没有行动的能力，那么你必须拿到你所缺少的任何一样东西——它可能是一件设备，某种技能或某些更高级的知识。

追求，然后去实现每个目标，就像你在必须攀爬的梯子上登上了一个阶梯。一旦你到达梯子的顶端，你的梦想就实现了。每实现一个目标，你就离实现你的梦想更近一步。

让我们总结一下梦想设定的过程：

1. 以创建剧本的方式用文字描绘出你理想的未来生活。

2. 明确为了拥有你理想的未来生活必须实现的每个梦想，这就是你的要点清单。

3. 围绕你的每一个梦想建立具体目标。

4. 对每个目标采取行动。追求并实现每一个具体目标，使每个梦想变成现实。

然后，对清单上的每个梦想都重复这个过程。当你实现了每一个梦想时，你理想的未来生活就会成为你实际的现实生活。当然，梦想设定的过程需要时间。你可能需要十年时间来实现你所有梦想背后的所有目标。但请记住这个重要的事实——十年的时间无论如何都会过去。你还不如把这段时间花在追求梦想上面。

靠自己发家致富的百万富翁不依靠命运、随机的好运，也不依靠上帝或他人的仁慈来确保自己过上所渴望的生活。他们采取行动。成功人士通过对自己渴望的生活建立清晰的愿景来规划自己的生活道路。

第 12 节

多线创收

如果你像大多数人一样，你就只有一个收入来源——你的工作。而如果你像大多数人一样，那么你要么很穷，要么困在了中产阶级。

如果你想摆脱贫困或中产阶级的身份，你就需要开始创造多种收入来源。这就是我的"富有的习惯研究"中的许多靠自己发家的百万富翁所做的事情。

"但我有两个孩子，周末排满了孩子们的体育比赛、童了军活动、生日聚会，而且手里还有很多与工作有关的事要做。我究竟要从哪里找时间来再增加一个收入来源？"

我同意。如果你要养家糊口，这很难。但是，要明白这一点——随着你的孩子年龄增长，这会变得越来越容易。当他们接近上大学的年龄时，与孩子有关的责任会开始减少。你最终会有更多的时间致力于增加这些收入来源。现在，趁着孩子还小，这实际上是小步前进开始慢慢创建一些副业的最佳时机。我说的是每周只要花 5 小时的时间，让自己投入所热爱的、最终可以赚钱的事情上。我说的是现在对自己和你的未来进行投资，这样你就可以在未来收获红利。相信我，你会很高兴自己这样做了，因为随着孩子长大，他们的财务需求会变得更多。想想大学学费、结婚资金、帮助他们付第一套房子的首付或资助他们的孩子上大学。

让我与你分享我的"富有的习惯研究"中的一些数据。

·在我的研究中，76%的富人是通过自己努力成为百万富翁的。他们来自非富人家庭，31%来自贫困家庭，45%来自中产阶级家庭。

·16%的人在46至50岁之间致富。

·28%的人在51至55岁之间致富。

·31%的人在56到60岁之间致富。

·21%的人在60岁以后致富。

·在我的研究中，65%的靠自己的百万富翁有至少3种收入来源。

·45%的人有至少4种收入来源。

·29%的人有5种或以上收入来源。

每一个白手起家的百万富翁都是从小事做起，经过多年的努力，慢慢建立起每一种收入来源。我从我的"富有的习惯"研究中了解到的一个有趣的事情是，这些多重收入来源往往是互补的，这意味着它们是其他收入来源的分支。每一个新的收入来源，都可能成为未来额外收入来源的基础。因此，对于每一个新的收入来源，你并非在做无用功。大部分工作已经完成。你基本上是在利用之前创收途径中所学到的东西再度开发。这就是它的工作原理——一个额外的创收途径会带来另一个，然后再带来另一个，以此类推。

这是我在研究收入来源时发现的成功秘诀之一——你每增加一个

收入来源，你就有更多的钱用于投资新的额外收入来源。

我决定将这种"创造多重收入来源"的富有的习惯应用到我的生活中。2009年，当我完成了我的研究分析后，我开始为12人以下的小团体提供培训课程，教授他们富有的习惯。随着参加这些培训课程的人开始从所遵守的富有的习惯中赚到更多的钱，他们提出请我写一本关于我的富人习惯的书。因此，在2010年，我出版了我的第一本书《富有的习惯》(Rich Habits)。我写这本书花了一些时间和大量不断的努力，但在2013年，《富有的习惯》才一举成名，成为美国非常畅销的一本书。时至今日，它仍然是我最畅销的书，一年又一年，都是如此。

这本书的销量创造了一个新的收入来源——版税。

有趣的是，由于《富有的习惯》的成功以及我在媒体上的曝光，我开始收到来自世界各地的电子邮件，请我做有偿演讲。报价5000美元、7500美元和10000美元的演讲邀请纷至沓来。

这些演讲邀请成了另一个收入来源——有偿演讲活动。

在我的研究中，"梦想家－企业家"式的白手起家的百万富翁平均花了12年时间才创造了让他们最终致富的收入来源。创造财富只是需要时间。无论怎样，时间都会过去。时间不会停止。12年后，无论你是否投入时间来创造这些额外的收入来源，你都会老12岁。

对那些投资于自己和未来的人来说，其红利是巨大的。这些收入来源最终将产生足够的收入，让你得以辞去全职工作，允许你雇用他人来帮助你管理你的收入流。

这将使你腾出手来享受以下红利。

·度假屋，会成为你的孩子和孙辈的中心。

・退休期间财务独立，这样你就不会成为孩子的经济负担。
・有钱来帮助孩子结婚或帮他们买第一套房子。
・能够为你的孩子和孙辈支付全部的大学经费。

如果你想让你的生活在未来变得更轻松，你需要现在就对自己进行投资。找到你真正热爱的，并能将其货币化为收入来源的东西。激情是关键。在我的研究中，迄今为止，激情是白手起家的百万富翁里企业家阶层最重要的特征。当你追求你真正热爱的东西时，你就能以某种方式找到时间来投入其中。但如果不去行动，不去尝试，你永远不会发现你的激情所在。今天对建立一个额外的收入来源的这一投资，会为未来的你带来红利。

第 13 节

追逐梦想及目标
迫使你养成好习惯

那些未能实现其目标的人，之所以未能实现目标，有三个原因：

1. 他们没有意识到自己的个人局限性，也就是说，他们不知道自己缺乏实现目标所需的知识和技能。

2. 他们意识到自己个人的局限性，但不想花费精力去获得实现目标所需的知识和技能。

3. 他们不想花钱给能够帮助他们实现目标的专家。

成功人士如何实现目标？

他们为自己的梦想和目标采取行动。如果他们失败了，他们就会研究出错的原因，并找出他们所缺乏的知识和技能。然后他们做以下两件事中的一件。

1. 他们投入时间和金钱来获得他们所缺乏的知识和技能。

2. 他们雇用具有他们所缺乏的知识和技能的人，来帮助他们实现目标。

大多数追求成功的人来自贫困家庭或中产阶级家庭，他们的财力有限，无法聘请专家来帮助他们实现梦想和目标。

这就是"成长习惯"能发挥作用的地方。

成长习惯是你可以提高自己的知识和技能而采取的日常习惯。它们使每天的自我提高变成自动的，这有助于你成长为你需要成为的人，以便你实现梦想和目标。

你永远无法真正了解自己的局限性，除非你去测试它们。这就是追求梦想如此重要的原因。

梦想迫使你创建目标。目标是你每个梦想的施工人员。

失败的目标是一个霓虹灯信号，告知你刚刚遇到了个人限制因素。

这就是在实现目标的过程中遭遇失败是一件好事的原因——它暴露了你不知道自己拥有的某种局限性。一旦你意识到任何限制因素，你就可以通过增加你的知识库或提升、增加新技能来消除它们。知识和技能的获得会带来成长。

对梦想和目标的追求将你推到舒适区之外。一开始，你就是不知道自己不知道。这对每个追求梦想和目标的人来说都是如此。

这种"不知道"代表了个人的局限性。那些最终成功实现梦想和目标的人，是通过摸爬滚打摆脱了他们的局限性——犯错，从这些错误中学习，增长知识和技能，从而消除个人的局限性。

因为错误会耽误你的时间，花费你的金钱，所以学习可能是痛苦的。你永远不会忘记代价高昂的错误。它们就像大脑上的"瘢痕组织"一样。犯错误迫使你在知识和技能上去成长。

有哪些日常目标习惯可以帮助你实现你的梦想、达到你的目标？

- 阅读学习——每天拿出 30 分钟或更多时间，阅读有助于你获得实现目标所需知识的材料。所以，这种阅读必须与你所追求的梦想和目标直接相关。
- 日常练习——每天练习 2 到 4 小时，以培养你实现梦想和目标所需要的技能。练习有两种类型。
  ○ 刻意性练习是反复练习一项技能或子技能，直到你精通该技能。
  ○ 分析性练习是指在精通某项技能的人的监督下，练习该技能或子技能。这个教练或导师会提供反馈，这将帮助你精益求精，成为该技能的大师。
- 每日优先事项清单——这是你每天必须参与的活动清单，这将有助于推动你实现梦想和目标。每日优先事项清单上的许多项目会反复出现。最终，这些活动将成为日常习惯。每天通过阅读来学习就是一个例子。
- 与具有影响力的人建立关系——有影响力的人是有能力加速实现你的梦想和目标的强者。具有影响力的人可以拿起电话，打开通向那些可以帮你实现你的梦想和目标的人的大门。找到这些有影响力的人需要时间，与他们建立关系更需要时间。你必须每天投入一部分时间来寻找具有影响力的人并与他们建立关系。打问候电话、生日祝福电话和生活大事件电话都是帮你培养这种关系的方式。加入当地基于社区的非营利组织是另一种寻找和建立这种关系的方式。参与行业相关的贸易团体是另一种方式。有影响力的人到处都有。你只需要找到他们并投入时间与他们建立关系。

第 14 节

从众学说

人类有一种简直压倒一切的从众心理。这就是Facebook、Twitter、Linkedin（领英）、Instagram（照片墙）、Snapchat（色拉布）和Tiktok（抖音短视频国际版）得以成功的原因。人们想融入社群中。他们想从众并成为其中的一员。从基因上讲，我们天生就是如此。在人类生存的早期，我们很快发现，当我们成为群体的一部分时，我们面对掠食者会安全得多。人多就有安全感。从众理论确保了我们这一物种得以生存。我们如此渴望融入社会，适应社会，成为群体的一部分，以至于我们几乎会做出任何事情来避免在人群中出头。这不是理论。这是科学。（http://www.nature.com/srep/2013/131009/srep02905/full/srep02905.html）

许多年前，"偷拍镜头"（Candid Camera）决定在他们著名的"电梯恶作剧"中测试这一科学。尽管"偷拍镜头"的恶作剧很有趣，但它也同时突出了人们会多么不遗余力地努力融入人群并成为该群体的一分子。

虽然从众理论帮助人类生存，但它也是使个人在现代世界中很难成功的原因。从群体中分离出来——特别是对追求梦想的企业家来说——是追求成功的先决条件。因此，创业者几乎总是被社会视为异类或不墨守成规者。创业者往往是非常孤独的，尤其是在刚开始创业的时候，因为创业之路与大多数其他人所走的道路——员工之路——截然不同。由于很少有人会努力追求成功，作为企业家，这些少数追求成功的人让自己与其他人区分开来。那些成功的梦想家离开群体追求梦想，会因为承担群体中其他人认为过于巨大的风险而获得巨大的经济回报。因此，虽然离开群体会孤独，充满压力，但经济回报往往会让那些留在群体安全范围内的人相形见绌——任何一个普通群体里成员们的收入和财富几乎总是彼此相当。

任何曾经追求过梦想的人，都可以证明他们从自己的群体成员那里受到过阻力。家人、朋友和同事会尽力劝阻你不要去追求一个重要目标或人生梦想：

"风险太大了。"

"如果你失败了怎么办？"

"你会丢掉你的事业。"

"你可能会破产。"

"你在犯一个巨大的错误。"

负面攻击是人群努力逼迫你重新回归的方式。可悲的是，大多数人一遇到逆境就变得沉默或直接放弃。成功的企业家始终都能以某种方式克服负面攻击。对那些取得成功的企业家而言，有一个有趣的现象。当他们的成功开始显现的那一刻，其他人就会注意到。而很快，这些人就会挤破你的门，以成为你的群体的一部分。

因此，成功会带来自己的群体。百万富翁的群体中有数百至数千人。超级百万富翁的群体中有数以万计的人。亿万富翁的群体中有数百万人。

如果你正在考虑追求一个重要目标或人生梦想，你将面临从众理论。你会遇到很多来自你群体的阻碍，克服这些阻碍不容易。你的DNA会在每一步都与你对抗，拽着你停下来，回到人群中去。

但对那些坚持不懈的人来说，这是值得一搏的。

根据我的富有的习惯研究，那些成功的梦想家在最短的时间内积累了最多的财富——平均在短短12年内积累了740万美元。他们坐在"百万富翁山顶"上，俯视着所有那些不敢离开自己的群体去攀登的人。

第 15 节

为你的未来生活
建立清晰的愿景

赚钱最多和积累财富最多的人是那些知道自己要做什么的人。他们有一个深思熟虑之后的计划，并努力追求它。他们把自己的梯子靠在自己的墙上。对你未来生活的清晰愿景使你能够控制自己的生活。拥有清晰的愿景是每个成功的富人迈出的第一步。缺乏清晰的愿景就会让生活控制你。没有一个清晰的愿景，就没有蓝图或指南针来帮助指导你——你真的不知道自己要去哪里或目的地在哪儿。

大多数缺乏清晰愿景的人，都把自己的梯子靠在了别人的墙上。他们追求的职业不是自己选择的。他们遵循别人的愿景，而不是自己的愿景。他们发现自己几乎总是在事业和生活中备受挫折。这种挫折感通常在 30 多岁或 40 岁出头的时候才会显现出来。因为你成年后的大部分时间里都在追随别人的愿景，并且还负有经济上的责任，所以你推断，在不影响家庭生活的情况下去变动自己的职业为时已晚。换句话说，你觉得自己被困住了。

好消息是你没有被困住。你在生命结束之前都有能力追求你理想生活的愿景。

怎么做？

这并不容易，但绝对可以做到。每个人在时间上都是平等的。我们每天都有 24 小时。如果你睡 8 小时，你有一个工作会占用 10 小时，你有一个家庭，你想每天花几小时给家人，这样你每天还可以剩 3 到 4 小时的时间。在这 3 到 4 小时里，你可以把这些时间用于：

·副业——如果你理想的副业跟你已经拥有的一些知识或技能有关，你可以将这些时间用于一些能产生额外收入的副业。在发展副业若干年后，你会更有能力离开你的全职工作，并将所有时间投入新的副业中。

·获取知识——将这段时间用于获取开拓另一事业所需要的知识。你的目标应该是至少熟练掌握这些知识。这会需要你至少花一年的时间。一旦变得精通，你就可以开启你的副业。几年后，你的知识库将变得更具专业性。随着专业知识的增长，你的收入也会增加。在某个时刻，你将得以离开你的全职工作，全身心地投入你的新业务或事业中。

·练习一项技能——如果你缺乏做其他某件事最基本的技能，就把这些可用的时间用来熟练掌握这种技能。技能的打磨通常比知识的积累需要更长时间。预计至少需要两年时间才能达到熟练程度。达到熟练程度会是你开始时的唯一目标。一旦熟练掌握了，你就可以开启你的副业，并随着时间的推移去慢慢发展你的业务。

第16节

好债务与坏债务

正如我之前提到的,通往财富的道路有四条:

1. 储蓄者-投资者之路——将收入的20%或更多存起来用于投资。

2. 大企业晋升之路——在一家盈利的大企业中晋升到高级管理人员。

3. 专业大师之路——成为你所在领域的知识或技能型专家。

4. 梦想家-企业家之路——追求一个可以赚钱的梦想。

对那些选择了储蓄者-投资者之路和大企业晋升之路的人来说,积累债务将会让财富的积累几乎不可能实现。所以,如果你走的是这两条路中的任何一条,债务就是而且永远会是坏债务。

然而,对那些走专业大师之路或梦想家-企业家之路的人来说,利用债务来获取知识和技能抑或创业几乎永远是必要的,而且实际上对积累财富至关重要。

○ 专业大师债务

在我的研究中，大约有 19% 的参与者选择了这条道路。大师在他们的专业领域是最出色的。他们因具有专业知识和技能而获得高额报酬，这使他们在竞争中脱颖而出。

在我的研究中，专业大师们花了大约 20 年的时间才达到平均 400 万美元的净资产。有些人在医疗领域工作，而另一些人在法律领域工作。少数人要么在大型上市公司工作，要么是拥有高利润企业的小企业主。

专业大师不是天生的，而是后天练就的。

知识型专业大师每天至少投入 3 小时，连续数年学习以积累专业知识。正规教育，如高级学位通常对知识型专业大师是必需的，这不仅需要大量的时间，而且需要大量的金钱。

技能型专业大师每天花大约 4 小时的时间，为了获得、维持以及完善自己的技能而连续数年进行刻意的、分析性的练习，以获得、保持和完善他们的技能。持续的练习和指导对技能型专业大师通常是必需的。练习的配套设施、指导通常需要花大量的时间和金钱。

并非每个人都有时间和金钱来成为一名专业大师。如果你有时间，但缺乏成为专业大师的资金，举债往往是获得专业知识和技能所需资金的唯一途径。

专业大师债务是好债务，因为它有助于为创造一个产生收入的资产（你）提供资金，为你今后的职业生涯支付财务红利。

○ 梦想家债务

在我的研究中，大约 28% 的人是梦想家，他们在我采访的所有拥有富有的习惯的百万富翁中积累了最多的财富——平均净资产为 740 万美元，历时约 12 年。

这也许是财富积累最艰难的道路，因为走这条路需要追求一个梦想，如创业，或者成为一个成功的演员、音乐家或作家。

梦想必须有资金相助。对那些不是生来就有钱的人——也就是大多数人来说，追求梦想需要钱。而且，像专业大师一样，梦想家往往别无选择，只能用债务来资助自己的梦想。

梦想家债务是好债务，因为它允许他们创造一个创收资产（他们的梦想或事业），而这个资产可以为他们产生收益甚至超越整个生命的时间。

第 17 节

如何找到你的内在才华

当你找到自己的人生目标，也就是你生来要做的那件事，你就知道它是什么了。毋庸置疑。你能百分之百确定。

相反，如果你对自己所追求的职业是不是自己的人生目标持有任何怀疑，答案就是那不是你的人生目标。持续的怀疑或不确定性是大脑在通知你，你没有在做你应该做的事情。

遗憾的是，我们大多数人从未发现自己的主要生活目标。我们把梯子靠在别人的墙上，然后用我们的余生去爬那个梯子。当你讨厌自己的工作或工作让你厌烦时，你就知道你的梯子搭错了墙。而你的不满会在你的薪水或净利润中显示出来。不做你应该做的那些事，会导致你不快乐，以及经济上的挣扎和压力。

那么，如何找到生活中的主要目标？找到主要目标的关键在于发现隐藏在你身上的独具一格的内在才华。那么，如何找到自己隐藏的天赋呢？通过实验！

我们都有与生俱来的天赋。这些独特的才能根植于我们的DNA中。但要找到自己的先天才能，需要去实验。如果你有一个孩子，请让他们加入那些允许你的孩子尝试做不同事情的组织机构。例如，男童子军和女童子军每当孩子完成一项特定的活动就会给他们颁发徽章。这两个组织提供给孩子们超过一百种可以参与的不同活动。有些活动你的孩子会非常喜欢，有些他们会有点喜欢，有些他们会不喜欢。

他们非常喜欢或有点喜欢的活动可能表明你的孩子偶然发现了与生俱来的天赋。如果你是一个刚进入职场的年轻人，不确定自己到底想做什么来赚钱，那就探索各种职业，直到找到自己喜欢的职业为止。如果你是一个有孩子和责任在身的成年人，你尝试的时间将仅限于早上、晚上和周末。在兼职的基础上寻找你与生俱来的天赋会需要更长时间。你尝试的每一项新活动可能需要长达六个月之久。

你怎么知道自己什么时候算找到了你生来注定要做的事情？

你隐藏的天赋以两种方式展现出来：

1. 它做起来很容易——当你尝试新事物时，你的天赋就会显露出来，而且一开始这个新事物对你来说就很容易。学起来相当快，或者自然就很容易上手，这是生活在告诉你，你已经发掘了某个独特的先天才华——你独有的才华。

2. 兴奋——当你的天赋让你心跳加快时，它就向你展现出来。激情是大脑在告诉你，你已经不小心发现了一个天赋。这种激情会控制你。它会刺激你。你会发现自己想在周末、节假日和假期全天候使用你的天赋。你会梦到它。它会在清晨唤醒你。

一旦你找到了与生俱来的天赋，你要做的就是利用余生投入完善这一才华的过程中。如果你的天赋是以知识为基础的，它将促使你涌过阅读学习、日常学习和不懈地从那些专家那里寻求知识来增加你的知识水平。如果你的天赋是基于技能的，它将激励你花大量时间进行练习，努力提高和完善技能。

在这两种情况下，无论是知识型还是技能型才能，激情都会将你转化为一个大师级人物。而世界非常乐意为专业大师提供的服务支付溢价。这种溢价会带来更多的报酬，这些报酬如果存下来并审慎地投资，可以转化为数百万美元（的财富）。

当你发现你的独特才能时，你就会发现你生来注定要做的事，工作就会跟玩乐一般。

第18节

目标设定

什么才是一个目标,你一直被误导了。这是大多数人放弃或无法实现其目标的首要原因。一旦你准确地理解了什么才是目标,你能够实现你的所有目标。你永远不会再失败。

那么,关于目标,你被错误地灌输了什么东西?有人教导你说,目标就是一个目的、要瞄准的东西或一件事。这些都不是目标。它们是梦想。你无法获得一个梦想。你需要通过实现梦想背后的所有目标来实现梦想。每个梦想的实现都需要实现许多目标。一旦所有这些目标都实现了,梦想才得以实现。

把目标看作将你的每一个梦想转化为现实的施工人员。

那么,什么是目标呢?每个目标都包括两个要素:

1. 行动。

2. 百分之百可实现。

1. 行动

每个目标都要求你采取一些行动或完成一些身体活动。大多数目标实际上是你为实现梦想而需要完成的日常活动。

2. 百分之百可实现

为了进行每个目标背后的身体活动，你要确定你是否拥有必要的知识、技能或资源来进行这项活动。许多人无法实现目标的主要原因之一就是缺乏这个要素——他们没有能力采取必要的行动来完成目标——他们缺乏追求目标所需的知识、技能或资源。

当你缺乏必要的知识、技能或资源时，你就无法追求目标，除非你获得这些知识、技能或资源。获得知识、技能或资源就成为一个独立的辅助目标。

○ 目标设定过程示例

你给我——托马斯·科里——发了一封电子邮件，说你设定了一个目标，在年底前写一本书，成为一名畅销书作家。你正在寻求一些建议。顺便说一下，我收了到很多这样的邮件，所以这是一个真实的好例子。

在我的邮件回复中，我问了你几个问题：你知道如何写一本书吗？你是一个熟练的写作者吗？你知道怎么出版一本书吗？你知道如何推广一本书吗？

在你回复我的邮件中，我意识到对于我的问题你并没有正确的答案。我告诉你，写一本书并成为畅销书作家这件事实际上是一个梦想。

然后我为你层层剖析,帮你实现成为畅销书作家的梦想。

在我的回复邮件中,我告诉你,你的真正目标需要大调整。在我们来来回回的邮件沟通中,我们能够深入了解你为了实现成为畅销书作家的梦想而需要完成的具体目标:

・目标1——学习如何写一本书。为了获得这方面的知识,我建议你阅读我最喜欢的三本畅销书,这几位作者对写书了如指掌。你的目标是了解一本书的格式:引言格式、目录结构、章节格式、脚注作用等等。这个目标要求你每天阅读和研究这三本书,直到你觉得你了解了写书的过程。一旦完成了这个目标,你就可以进入目标2。

・目标2——学习如何写作。如果你不是职业作家,你会需要掌握一些知识和技能,以帮助你至少能熟练地写作。既然你想成为一名畅销书作家,你就知道你不能写一本不好的书——没有人会买一本写得不好的书。你需要了解句子结构、语法基础知识、角色塑造、如何描述场景、故事情节等。由于你缺乏这些知识和技能,我建议你报名参加两门课程:创意写作课程和英语语法课程。一旦你完成了这个目标,你就可以进入目标3。

・目标3——写书。每天尽可能地写。因此,你每天的目标可能是在早上上班前和周末写1000字。如果你的书要写60000字,这意味着你要花大约60天的时间来完成初稿。一旦你有了初稿,你就可以进入目标4。

・目标4——编辑你的稿件。如果你有足够的财力,你可以请一个编辑。如果你没有,或决定自己编辑初稿,那么你将用一个月的时间编辑你的书。一旦初稿编辑完成,现在可以进入目标5。

・目标5——寻求反馈并重新编辑你的书。你至少要将六份手稿寄给你认识的那些酷爱读书的人。由于他们一生中读过很多书，他们能提供有价值的反馈给你。一旦收到这些反馈，你就可以将其纳入书中，并在进入目标6之前对手稿进行最后的润色。

• 目标6——出版你的书。在你给我的电子邮件中，你告诉我，你不认识任何文学经纪人或传统出版商。作为回应，我告诉你，如果你想以传统方式出版你的书，你绝对需要找到一个文学出版代理商。我解释道，传统出版商几乎绝对不会与没有代理商的首次写书的人合作，为了找到一个代理商，你必须向各种文学出版代理人发至少150封询问信。我要你买一本专门的书，上面列出了美国所有的文学出版代理商。买了这本书后，你每天的新目标就是向他们发出至少5封询问信。如果6个月后，你没有得到任何回应，我跟你解释说还有一线希望。你可以选择自助出版。6个月后，你给我发电子邮件说你找不到代理。然后我在另一封邮件中问你，你知道如何自助出版吗？你给我发邮件说你不知道。我告诉你，你现在有一个新的目标。

• 目标7——学习如何自助出版图书。我通过电子邮件向你发送包含三本书的一份清单，以便你学习如何自助出版。我还给你发了亚马逊自助出版（Amazon Self-Publishing）、Mill City Press和其他一些自助出版商的链接。我告诉你，一旦你了解了自助出版的运作方式，你就可以进入下一个目标。

• 目标8——自助出版。如果你有财力付钱给像Mill City Press这样的优秀自助出版商，你就能争取到与他们合作的机会来出版你的书。我告诉你，他们会帮你把你的书变得可以与任何传统出版商相媲美。如果你没有财力，那么你将不得不与亚马逊自助出版公司合作，这意味着你的版税会变少。如果你可以接受这一点，那么你就可以开始与亚马逊自助出版公司合作。书出版后,你给我发了一封电子邮件,询问下一步该怎么做。我告诉你,你需要每天推广你的书。你告诉我你不知道怎么做。因此,我给了你一个清单,上面有三本要读的书,它们会告诉你关于推广书籍你所需要了解的一切知识。这就把我们带到了下一个目标。

· 目标 9——学习如何推广一本书。你买了这些书,并研究学习,直到你觉得自己了解了推广过程。这将使你进入下一个目标。

· 目标 10——推广你的书。我告诉你,你需要每天抽出 2 小时来推广你的书。你要在媒体上向不同的人介绍你的书,你要邀请播客主播帮你介绍,你要邀请各种组织的成员让他们允许你为了自己的书去免费演讲,你要争取电台和电视台主持人做关于你的书的采访,你要在各种社交媒体平台上发布关于你的书的介绍。你必须养成每天都宣传你的书的习惯。

这个例子的意义在于强调一个观点,即实现梦想需要完成许多目标。如果你缺乏知识、技能和资源,而你需要获得知识、技能和资源,那么你的目标的数量就会增加。在这个案例中,实现写一本畅销书的梦想需要完成十个目标。

相反,如果你已经是一名专业作家,也就是说,你已经具备了必要的知识、技能和资源,那么你必须完成的目标数量就会大大减少。

那些在目标设定过程中失败的人,是因为他们不了解这个过程:

1. 设定你的梦想。

2. 围绕你的梦想制订目标。

3. 获得实现每个目标所需的知识、技能和资源。

4. 每天为每个目标采取行动。

○ 目标设定背后的大脑科学

在追求目标的过程中，有两个主要的大脑区域在协同工作。它们是丘脑的 RAS 和前额叶皮层。丘脑的 RAS 是大脑通向外部世界的门户。每当我们的任何一个感官，除了嗅觉（闻气味的感官）之外，在接收到一些外部环境的信息输入时，这些信息都要经过 RAS 筛选。RAS 会决定该外部数据重要还是不重要。如果它们是重要的，RAS 将允许该感官信息到达大脑的 CEO，即前额叶皮层（意识的所在地）。如果信息不重要，前额叶皮层就不会意识到它们——它们永远不会进入我们的意识。

哪些类型的信息会被传递到前额叶皮层？

· 任何与你的名字有关的信息。

· 任何与家人、朋友或其他你熟识的人有关的信息。

· 任何被认为是一种威胁的东西。

· 任何被认为是重中之重的事情——包括跟你的事业、赚取收入的能力、身体健康、邻里社区、你的财务状况、你的房子有关的事情。

· 与你正在追求的梦想或目标有关的任何东西。当你追求梦想或设定目标时，RAS 会对任何有助于推进你的梦想和目标的环境信息保持高度警惕，并将它们转化为现实。

你的感官所捕捉到的任何来自环境的信息如果触动了上述任何一个方面，都会被转发到你的前额叶皮层进行进一步处理。

这就是追求梦想和设定目标如此重要的原因。当你追求梦想、设定目标时，RAS 就会成为你的私家侦探，它会不遗余力地寻找能够帮你实现梦想和目标的外部信息。你可以在许多著名历史人物的灵光一闪或者"啊哈！""有了！"这样的时刻看到RAS在发挥作用。

爱因斯坦的狭义相对论是他在火车经过一座钟楼时想到的。托马斯·爱迪生的"啊哈"时刻经常是在他广为人知的打盹儿之后立即出现的。詹姆斯·沃森（发现DNA双螺旋的两个人之一）的发现是在睡梦中出现的。而艾萨克·牛顿爵士的发现是他在被一个从树上掉下来的苹果砸中头后想到的。这些人拥有这些灵光一闪的时刻，因为他们正在追求重要的东西，而他们的RAS注意到，并立即通知了他们。

当你追求梦想和目标时，你就会开启你的RAS——它开始在幕后工作，试图识别环境中任何能帮你实现梦想和目标的东西。

第 19 节

意志力与激情力

意志力是强迫自己在一段有限的时间内专注于某事的能力——通常在一段给定的时间内维持 2—3 小时。意志力是一种有限的资源，因为它迫使大脑消耗大量的脑燃料（氧和葡萄糖）。大脑与身体其他部位不同，它无法储存燃料。你每次强迫大脑集中精力工作，大脑都必须向各个器官和腺体发出信号以增加葡萄糖的产量。可大脑宁可不这么做。因此，甚至在你考虑做任何需要聚精会神的事时，它都会跟你作对。这是我们拖延行为的主要原因之一——大脑不喜欢增加它的燃料需求。但是有一种方法可以绕过大脑内在的懒惰欲望以及意志力的固有局限性。当你激活大脑的情绪中心时，这些中心能够克服大脑固有的懒惰欲望。在你对某事的热情非常强烈时，它会触发大脑的情绪中心。大脑的情绪中心非常强大，它能够克服大脑内在想要闲着什么都不做的欲望。一旦情绪中心被完全激活，"懒惰"的大脑就力不从心。如果你对某事具有非常强烈的渴望，你的大脑就会心甘情愿地成为你的仆人。如果你对某件事的热情不是那么高,"懒惰"的大脑就会成为主人,并默认进入懒惰模式,助推你拖延。

情绪激情力可以让你每天花数小时专注于一件事,并坚持很多天,很多个月,甚至很多年。这就是激情如此重要的原因。激情力有不同的产生方式:

1. 有一个强大的"为了什么"的目标——一个强大的"为了什么"就能启动大脑的情感中心。你的"为了什么"可以是你的家庭。它可以是你追求的梦想和目标。或者,它可以是为了生存而不得不做的事情。

2. 发挥先天的才能——我们都有与生俱来的才能。当我们使用先天才能时,大脑会通过启动大脑的情绪中心来通知你,从而产生我们称之为激情的感觉。激情是大脑向你喊话的方式,表明你偶然发现了一个天赋——自己做起来会比别人更容易的事。你生来就该做的事。

3. 奖励——做一些能带来某种奖励的事情,会触发大脑的情绪奖励中心。这可以是赢得某些比赛,在取得一些重要的成就后得到经济上的奖励,或者在做了一些具有挑战性的事情或帮助改善他人生活之后获得的一种成就感。

第 20 节

了解直觉

直觉的意思就是不用去想就能知道。它是在需要做出决定的时候，在没有掌握所有你需要的事实和信息的情况下做出决定的能力。它是一种非分析性的决策能力。

最近，有人围绕直觉进行了大量的研究。而这些研究正在帮助我们对直觉的确切含义有更精准的了解。简而言之，直觉是一种下意识的决策过程，不以推理、逻辑或分析为基础，而是基于你下意识的辨别模式的能力。你对模式的辨别能力有多强，取决于你对要做决定的事情有多少经验。

例如，如果你是一个 25 岁的工程师，只有 3 年的工程经验，你的直觉就会很糟糕；然而，如果你是一个 55 岁的工程师，有 33 年的工程经验，你的直觉就几乎总是正确的。

你看，直觉就像葡萄酒，它随着年龄的增长而提高，因为直觉是从经验中生长出来的。然而，即使是最老练、最有经验的人，其直觉也不是绝对可靠的。你的经验可能不够充足或全面，因此，你的直觉可能会误导你做出错误或糟糕的决定。因为每个人都有不同的经历，即使是在同一个行业，在做出重要决定之前，寻求同行业其他人的直觉意见也非常必要。这些人会看到你看不到的模式，这会让你做出更好的决定。

第 21 节

好决策与坏决策

好决策遵循三个基本规则：

1. 做足功课。

2. 征求专家的反馈意见。

3. 深思熟虑——在大脑做出明智决策之前给它时间考虑所有的事实情况。

好决策通常会发挥作用，当它们发挥作用时，它们会使你处于优势地位。这又使你能够做出带来未来优势地位的决定，即创造一些长期利益——给未来带来你希望得到的好结果——的决定。当你养成了做好决策的习惯时，这些决策让你处于有利地位。当你处于有利地位时，你不会被迫去做你不想做的事情。你可以走开。你可以说不。

当你做了太多的坏决策时，这就成了一种模式。模式表明习惯在起作用，它们在背后导致你做出错误的决策。习惯性做出错误决策的问题在于，它们最终会导致你做出极端决策。极端决策是你处于劣势地位时做的决策。这些极端决策迫使你去做不想做的事情——你直觉上知道对未来的你没有好处的事情。这就像多米诺骨牌效应一样，错误的决策迫使你陷入不利境地，然后迫使你做出绝望的极端决策。极端决策最终会回来困扰你。它与大多数普通的错误决策的不同之处在于，极端决策通常是你深思熟虑之后不得不选的错误决策——你别无选择。你被束缚住动弹不得，而且你知道这一点。极端决策都是片面的——它们让一方受益而对你有害。极端决策往往是因为你之前做了错误决定而由第三方强加给你的。你无法改变过去——你之前做出的置你于极端决策中的错误决策。因此，为了避免被迫做极端决策，你必须首先了解为什么你经常性地做出错误决策。错误决策是由 8 个因素造成的：

1. 冲动——草率、心血来潮、一时冲动的决定。这些绝不是经过深思熟虑的决定。

2. 不受控制的情绪——在高兴、愤怒或悲伤时做出决定。

3. 缺乏知识——在做决定前不做功课。

4. 疲劳——你的前额叶皮层是大脑的 CEO。当你疲倦时，你的前额叶皮层就会受到影响，无法做出正确的决定。

5. 饥饿——当你饥饿时，这是你的身体在告诉你它需要燃料。当你的前额叶皮层缺乏燃料时，它会无法发挥最佳状态。

6. 压力——压力会抑制前额叶皮层，让大脑的情绪中心控制决策过程。

7. 机能受损——当你受到药物或酒精影响时，你的前额叶皮层，也就是你大脑的 CEO 会受到损害，不能正常运作。

8. 有缺陷的直觉——正如我之前所提到的，直觉是你头脑中那个无声的声音，由你的潜意识支配。直觉会随着经验和专业知识的增长而增长。如果你缺乏经验或能力，你的直觉就不会很好地为你服务。这也是自食其力起家的百万富翁付钱请专家帮助指导他们做决策的原因之一。专家的直觉永远比非专家的直觉好。

第 22 节

富于建设性的人际关系
与富于破坏性的人际关系

追求成功是艰难的。而能让它变容易，能提高获得成功概率的方法，是让自己身处富于建设性的人际关系中。

富于建设性的人际关系为你的生活增加价值。在你走向成功的过程中，他们鼓励和支持你。富于建设性的人际关系是帮助你实现梦想和目标的人。鼓励，显而易见——我们希望与能让自己精神抖擞、助我们解决问题或克服障碍的人在一起。支持，则不那么明显。我所说的支持，是指那些能够帮你打开原本关闭的大门的人。在这种情况下，你希望与有影响力的人在一起——那些认识重要人物的人。支持也可能包括经济支持——你可以依靠的个人会在经济上帮助你，或者他们认识一些有影响力的人可以在经济上帮助你。

富于破坏性的人际关系是在你的生活中制造问题的人。如果你追求成功，你需要避免或限制与具有破坏性的人交往。具有破坏性的人对你来说是一种负担。他们的问题最终会成为你的问题。他们的麻烦就是你的麻烦。他们的生活经常出问题，当发生不好的事情时，他们会向自己的核心圈子求助。而具有破坏性的人不断需要救助。

那些对具有破坏性的人进行救助的人，往往会后悔。在大多数情况下，这些救助会涉及金钱。如果你有一个伴侣，他们可不会喜欢金钱因为救助一个"有毒"的朋友而消失。每一次救助都会损害你与伴侣的关系。金钱的损失只是富于破坏性的人际关系的一个副作用。时间的损失是另一个常见的副作用。因为他们的问题变成了你的问题，富于破坏性的人让你失去重心，干扰你对梦想和目标的追求。与富于建设性的人际关系一样，破坏性的人也有某些共同的个性特征。知道这些特征是什么有助于你避免或尽量减少与他们的接触。

如果你知道自己要寻找什么，找到富于建设性的人际关系和避免破坏性的人际关系是很容易的。

○ 富于建设性的人的个性特征

- 积极、乐观的精神面貌
- 自信
- 自强不息
- 慷慨
- 谦逊
- 礼貌待人——良好的礼仪习惯
- 善良，关爱他人，富于同情心

- 冷静，能够管理好自己的情绪
- 可以依靠——靠谱
- 心智强大
- 信任他人
- 自己成功，或有成功思维
- 经济上有保障
- 信誉良好
- 勤奋的工作态度
- 使用这些积极的话语：我很喜欢、她是很好的人、他是很勤奋的人、你可以做到的、没有什么是不可能的、生活由你做主、他是一个优秀的高成就者、生活中的好运气是靠自己争取的、永远不要放弃自己、有钱真好、没钱真不好、我不闲言碎语、我们是自己生活的设计师等等
- 善于维护他们的人际关系——有广泛的长期朋友和同事网络
- 善于交际
- 仁慈宽容
- 善于倾听
- 专注
- 以目标为导向
- 知识渊博——博览群书
- 注重健康
- 幽默风趣
- 外向——喜欢社交
- 适度饮酒

- 不吸毒
- 有责任心
- 能够解决问题
- 乐于助人
- 有条理
- 注重细节，一丝不苟
- 不偏执保守，开放心态
- 不说闲话或只会进行积极正面的闲谈
- 经常微笑
- 响应迅速——立即回复电话、邮件或短信
- 总是很忙
- 会在他人生命中出现——知道他人生日和生活大事
- 谈话时考虑周全
- 自律
- 总是看起来很快乐
- 感恩的心
- 总是愿意帮助别人

当你找到能满足这里面很多条件的人，尽你所能与他们建立关系。他们会帮助你振奋起来，为你的生活增加价值。

○ 富于破坏性的人的个性特征

- 无情或尖酸刻薄
- 没有安全感
- 自我怜悯——受害者心态
- 依赖的心态——需求多
- 对生活悲观
- 消极心态
- 不停地说人闲话
- 喜欢评头论足
- 自负
- 讨人厌
- 粗鲁——没有礼貌
- 性情暴躁
- 喜欢争执、对着来——总是和别人争论对错
- 无法控制自己的情绪
- 对人不友善
- 使用攻击性语言——经常骂人
- 嫉妒他人或他人拥有的某件东西
- 多疑
- 容易受影响——意志薄弱
- 财务问题：挥霍无度，债务过重
- 难以保住工作

- 使用这些"有毒"的话语：我讨厌、她很贪婪、这不公平、富人很坏、穷人很善良、富人交的税不够、富人只是幸运等等
- 居高临下——贬低他人
- 过于自私
- 靠不住
- 不值得信任
- 充满欺骗性
- 工作态度不端正
- 对他人缺乏同情心
- 说太多，听太少
- 经常玩彩票
- 容易受干扰、分心
- 利用他人
- 难以维持人际关系
- 将自己的问题归咎于他人
- 有"这是应该的"这种心态
- 缺乏梦想或目标
- 不看书或只为消遣娱乐看书
- 容易焦虑
- 不注重健康
- 喜欢挖苦人，冷嘲热讽
- 吃饭或饮酒过量
- 经常服用药物、毒品
- 要不惜一切代价赢的心态

- 推卸责任
- 爱找问题
- 搅屎棍——到哪儿都会制造冲突

即使是最优秀的人也会有其中的某些特征。你要留意的是大量拥有这些特征的人。这是一个表明你遇到了一个具有破坏性的人际关系类型的危险提示。一旦你知道该注意什么，你就会更好地判断对方性格，避免陷入破坏性的人际关系。

第 23 节

富人如何与具有影响力的人建立强大关系

有影响力的人是能让事情发生的人。因为他们的影响力赋予他们巨大的权力，所以我也把他们称为权力关系人（power relationships）。有影响力的人通过打一通电话就能打开大门。他们能够为其核心圈子内的人争取到运营资金。他们有一个随时可以动用的庞大的、有影响力的人的关系网络，可以用来帮助那些与他们有密切关系的人。他们让熟人的孩子进入名牌大学。他们帮助相熟的大学生获得宝贵的实习机会。有影响力的人是每个依靠自己致富的百万富翁最宝贵的资产，甚至比金钱更有价值。

我会反复说这句话，直到它渗入你的潜意识：

人脉就是富人的流通货币。

富人养成每天都与有影响力的人建立关系的习惯。他们通过遵循一定的关系建立的规则来建立这些"权力关系"，这些规则是我在"富有的习惯研究"中发现的：

○ 问候电话、生日祝福电话和生活大事件电话

·问候电话——这些是"侦察"电话。我的意思是，它们是你为了收集有关每个具有影响力的人的信息而拨打的电话。你对他们了解得越多，就越有机会与他们建立更牢固的联系。你应该收集的有关你的潜在富有影响力的人——权力关系人的信息包括：

- 有影响力的人及其家庭成员的生日
- 其家庭成员的名字
- 有影响力的人及其家庭成员就读的学校
- 与他们有密切关系的其他有影响力的人的姓名
- 有影响力的人有什么业余爱好
- 有影响力的人对什么着迷
- 有影响力的人对什么感兴趣
- 他们的个人过往——他们在哪里长大、父母背景情况、兄弟姐妹等等
- 有影响力的人的梦想或目标

·生日祝福电话——这些一年一次的电话有一个重要作用——它们让你与具有影响力的人之间的关系维系下去。根据我的"富有的习惯研究"数据，在这样做了几年后，具有影响力的人中大约有25%的人会在你的生日时给你打电话。这使双方的关系"脱离了生命危险"，并为拨打问候电话和最后的生活大事件电话打开了大门。

·生活大事件电话——这些是你拨出的最重要的电话。因为它们是"情感电话"，它们让你与有影响力的人关系迅速升温。通过拨打生活

大事件电话，你们的关系会快速深入推进。每当某位具有影响力的人发生好的或坏的事情时，你就要去拨打生活大事件电话：

- 有亲人去世或新生儿出生
- 结婚或订婚
- 晋升或工作变动
- 家人获得成就——职业获奖、子女运动获奖、出现在媒体上等
- 患病或康复
- 成人礼、第一次圣餐、毕业典礼
- 新买了房子
- 开启新业务
- 子女被大学录取

○ 眼神交流

在与有影响力的人会面时，一定要看着他们的眼睛。但不要过度。每次保持目光接触不超过 5 秒，然后再转移视线 5 秒。目光接触超过 5 秒可能会让某些人感到不舒服。练习能够把这一行为变成一种习惯。

○ 小心说话

不是每一个进入你头脑的想法都该从你的嘴里说出来。审视你的想法。说出你的想法并不意味着要你分享所有想法。有些想法是不恰

当的，可能会对你的人际关系造成无法挽回的损害。

○ 不要批评、谴责或抱怨

不要说任何人的坏话。如果你这样做，有影响力的人会认为你会对他们做些负面评价。关于他人，只说一些富于建设性的、积极的事情，有影响力的人会认为，关于他们，你会只说具有建设性的、积极的事情。

○ 积极乐观

具有影响力的人之所以成为这样的人，是因为他们在生活中取得了一定程度的成功。成功的人天生乐观向上，对生活有积极的看法。他们不允许消极的人进入自己的内部圈子。保持积极的态度，摆脱消极的习惯。

○ 从不说流言蜚语

成功的人不参与聊是非八卦，他们避开这样做的人。只参与积极的闲聊——说别人的好话。有影响力的人会认为，当你在他们背后说话时，你只会说他们的正面事情。

○ 先付出

如果你有某一独特的知识或技能，请主动用你的知识或技能来帮助你的具有影响力的目标人物。先付出。慷慨付出会建立起信任和尊重。不仅如此，分享你独特的知识或技能还会像彩排一样，让你展示你独特的能力。

○ 寻求帮助

如果具有影响力的人能够帮到你，就主动向他们寻求帮助。在他们心目中，你将成为关系的欠债方，这意味着你的这些具有影响力的人将来可能会找你帮忙。

与具有影响力的人之间的关系只有通过不断的联系才能发展壮大。

待办事项

1. 列出你目前的成长习惯。
2. 列出你目前浪费时间的习惯。
3. 列出你目前良好的健康习惯。
4. 列出你目前不良的健康习惯。
5. 列出你希望养成的新的富人习惯。
6. 列出你想消除的现有不良习惯。

第四章

致富的四大途径

第 24 节

引　言

　　在这一章中，我们将详细探讨通往财富的四条道路。这也许是我通过"富有的习惯研究"做出的最具革命性的发现。了解致富有多种途径这一情况有助于个体更好地理解财富创造过程，因为这与人们独特的个性特征有关。在这一章中，我们不仅要介绍这四种途径，还要深入探讨以下内容：

1. 每条道路的要求
2. 每条道路所需的性格特征
3. 每条道路的富人共同的习惯

第 25 节

途径一 储蓄者－投资者之路

在我的富有的习惯研究中,储蓄者－投资者百万富翁们养成了先给自己付钱,并学着用余下的钱来生活的习惯。他们支付的第一笔费用是他们在每份工资中按照固定比例提取的用于储蓄的净收入。当你做出先存钱的决定时,这就迫使你减少你的生活费用,这样你就能够达到将净工资的 20% 或更多用于储蓄。这使你能够通过持续谨慎地投资这些存款来让你的存款发挥作用,你的存款因此得以众多。在我的研究中,典型的储蓄者－投资者在平均 32 年的时间里平均积累了 326 万美元。这条道路不需要任何独特的技能、专业知识,或冒多大的风险,或被压迫投入大量工作时间,也不需要与家人和朋友分开。储蓄者－投资者之路不仅是积累财富的最简单途径,也是能够保证财富累积的途径。

○ 要求

·中产阶级收入——贫穷时很难存住钱。对大多数没有钱的人而言，甚至低标准的生活费用都只勉强付得起。但是，如果你有中产阶级的收入，并能保持较低的生活标准，这会让你有存钱的能力。

·自律——典型的储蓄者-投资者将其收入的20%或更多存起来，靠剩下的钱生活。这就要求在先存钱和尽可能减少花费方面具有高度自律性。

·坚持下去——储蓄者-投资者始终如一地存钱并持续投资他们的存款，来使他们的财富持续增长。

·时间——储蓄者-投资者平均需要32年的时间来积累财富。

这条道路要求你尽早开始——几乎是在成为成年劳动力之后立即开始。如果你起步较晚，但仍然希望以储蓄者-投资者的身份退休，那么每多一个没有存钱的十年，你的储蓄必须增加10%。而且，你将必须延长工作年龄。例如，如果你在30多岁时决定走储蓄者-投资者的道路，那么你就必须把每年存款提高到净收入的30%，并工作到60多岁。如果你在40多岁时开始，你必须把每年存款提高到净收入的40%，并工作到70多岁。

○ 性格特征

·厌恶风险——储蓄者-投资者的风险承受能力较低。他们不愿意承担他们认为太大的风险。

· 平衡工作与生活——储蓄者－投资者不愿意工作时间过长。他们更喜欢平衡的生活方式。他们渴望把空闲花在家人和朋友身上。他们的快乐来源于人，而不是事物。他们一生都待在一个或两三个公司里。

· 自律——储蓄者－投资者有一个坚持执行的财务规划。多年里，他们自律地存钱和投资。许多人通过做预算来帮助他们坚持执行储蓄和投资计划。他们在生命的早期——通常在 20 岁中后期就开始了自己的存钱投资计划。

· 勤俭节约——储蓄者－投资者明智地花钱。他们以最低的价格寻求最好的产品或服务。他们会避免"我想要"式的消费，情绪化、心血来潮式的消费，生活铺张浪费，同辈压力消费和生活方式蠕变。

· 适度的生活标准——他们的生活水平是适度的，这使他们能够将净收入的 20% 或更多存起来投资。他们的房子、车和度假开支都很少。他们对囤东西或购买昂贵的物品不感兴趣。东西对他们来说没有什么意义或价值。他们更看重自己的时间而不是物品——他们更愿意把非工作时间用在家人和朋友身上。

· 厌恶债务——储蓄者－投资者避免债台高筑。他们提前还清抵押贷款。他们避免使用信用卡或积累任何信用卡债务。他们用现金或小额车贷购买高质量的二手车，并提前还贷。

· 压力耐受性不高——储蓄者－投资者厌恶压力。他们寻找压力小的工作。他们乐于成为工作中的一颗螺丝钉，因此对于寻求那些责任重或压力大的职位不感兴趣。他们对于做好自己的工作，并领取对应的薪水很满意。

○ 共同的富有习惯

·我会把收入存起来投资——储蓄者 - 投资者养成的富有的习惯是持续将净收入的 20% 或更多存起来。这使他们能够在之后谨慎地投资很多年。为了帮助他们存钱和投资,储蓄者 - 投资者使用了一种我称之为"水桶系统"的策略。他们使用水桶系统来确定具体的储蓄优先事项,然后将一定比例的积蓄用于每个"水桶":婚礼、第一套住房、应急基金、大学储蓄、投资、退休等等。

·我会简朴度日——储蓄者 - 投资者们养成了俭朴生活的富有的习惯。除了与家人和朋友共度时光外,他们不会做任何铺张过度的事情。

·我永远不会放弃梦想——无论生活中发生了什么,他们都不会放弃自己的梦想,即凭己之力通过存钱和投资成为百万富翁。

·我每天都会专注于我的梦想和目标——储蓄者 - 投资者的梦想是通过储蓄和投资来获得财富。

·我会节俭消费,并保持简朴的生活标准——储蓄者 - 投资者每天一心一意专注于节俭消费,以便创造一种生活标准,使他们能够将净收入的 20% 或更多进行储蓄和投资。储蓄者 - 投资者已经养成了以最低价格寻求最高质量的产品或服务的富有的习惯。

·我会坚持投资——储蓄者 - 投资者始终如一地将存款用于投资。这种数十年如一日的坚持让他们能够利用平均成本法一年一年地逐渐构筑起财富。

·我会仔细衡量风险后去冒险——在我的富有的习惯研究中,许多储蓄者-投资者被我称为"家得宝[1]投资者"——他们自己进行投资。这就要求他们在进行任何投资之前做好功课。他们经常依靠财务顾问来帮助他们提供信息，使他们能够选择合适的投资项目。非家得宝投资者则依靠财务规划师或财务顾问来制订和实施投资方案。他们定期与财务顾问进行沟通——他们每个月都会花 3 到 4 小时与财务顾问进行讨论。

· 为了向他人学习，我会提问——储蓄者-投资者会向他们的财务顾问提出许多与其投资有关的问题：税务规划问题、法律问题、关于各种投资费用的问题。

· 我会创造多种收入来源——在他们的一生中，储蓄者-投资者创造了多种收入来源：利息收入、股息收入、年金收入、租金收入和资本收益收入。

· 我会寻求他人的反馈——储蓄者-投资者经常依靠金融专家来帮助他们做投资选择。

· 我会让储蓄者-投资者类型的人围绕在我身边——储蓄者-投资者会与其他储蓄者-投资者在一起。因为习惯会像病毒一样在你的社交网络中传播，因此对储蓄者-投资者来说，限制他们接触那些与他们的储蓄投资心态不同的人非常重要：厌恶风险，节俭消费，持续存钱，谨慎投资存款，保持适度的生活水平。

---

[1] Home Depot，美国家得宝公司，家具建材零售商。——译者注

第 26 节

途径二 大企业晋升之路

大企业晋升者是指那些为大公司工作的人，他们在整个职业生涯里都在攀登公司的晋升阶梯，直到他们达到高层——高级管理人员的地位。在我的"富有的习惯研究"中，许多大企业晋升者都在为大型上市公司工作，但也有许多人为非上市公司工作，如大型医疗集团、大型会计师事务所、大型工程公司、大型律师事务所和其他大公司。

在我的富有的习惯研究中，晋升者会花大约 22 年时间平均积累 340 万美元的净资产。这些财富大部分来源于股票报酬或合伙利润分成。

○ 要求

- 工作时间长——大企业晋升者必须长时间工作。大多数晋升者必须经常出差。机场、酒店和出租车会成为一种生活方式。而且很多时候，晋升者还必须在假期工作。

·擅长职场政治——除了努力工作，晋升者还必须具备专业的职场政治技巧。那些拥有职场政治手腕的人在机会出现时以谋略制胜，打败内部竞争对手——那些紧随其后，并背后捅刀子的职场晋升者。企业里总有一些人会为了达到自己的目的想办法去破坏你的计划，他们的目标通常与你相同——在公司的阶梯上进一步攀升。

·权力关系——晋升者需要疯狂的关系建立技巧。那些成功进入大公司高层的人几乎可以肯定是最善于建立关系的人——无论是在他们工作的组织机构内，还是在他们的行业内。然而，建立这些牢固而强大的关系需要付出时间、精力和金钱。频繁的电话联系，持续的娱乐活动，参加婚礼、生日聚会或葬礼，为特殊活动寄送贴心的卡片。仅仅管理所有这些权力关系就占据了他们工作日的很大一部分时间。

·风险——晋升者之路有一些独特的风险。如果公司因某种原因陷入财务困境，你在该公司投入的时间可能不会得到预期的回报。公司被收购是另一个风险。你的公司可能被收购，你可能会很快失业。

○ 性格特征

·信奉正规教育——大企业晋升者至少有一个大学学位。有些人拥有高级学位，如 MBA、特定的研究生学位，有些甚至拥有博士学位。

·信奉自我教育——大企业晋升者每天都会投入 30 分钟或更多的时间进行自我教育。他们阅读行业相关的期刊、博客和书籍。他们对所在行业和工作领域保持着很大的兴趣。

· 很懂职场政治——大企业晋升者在其公司和行业内都非常擅长权力和人事斗争。他们的职场政治智慧使他们能够在公司或业内的阶梯向上攀爬。他们会与公司和业内的高层影响者建立战略联盟，会希望这些关系能带给他们晋升或高管岗位的工作机会。他们能够经受住很多大企业里常见的暗箭伤人事件。他们每天都会拿出一部分时间来建立和维护与影响者的关系。

· 强烈的职业道德——大企业晋升者愿意在压迫性的工作时间内努力攀登公司的阶梯。他们愿意为公司业务远离家庭和朋友而经常出差。他们将工作置于家庭和朋友之上。对大企业晋升者来说，工作是第一位的。

· 高度耐压性——大企业晋升者应对压力有一种先天或后天习得的能力。

· 高风险承受能力——大企业晋升者为了晋升愿意承担风险。他们会接手高层项目，承担更多责任，以提升自己在公司的地位。他们愿意承担这些项目或责任带来的风险——即未能达到公司其他人的要求。他们将自己的职业生涯献给一个公司，知道自己未来的财富取决于这个公司的成功。如果公司陷入困境，或失败，或被竞争对手收购，他们就会受到影响。他们把所有的鸡蛋放在一个篮子里——他们为之工作的公司。

· 外向和善于交际——他们喜欢在团队中工作，喜欢与人合作。他们是外向的、爱交际的人。他们喜欢与他人交往。他们从与之共事的人身上汲取能量。他们喜欢在大大小小的团体中发言和演讲。

· 好胜——大企业晋升者在竞争激烈的环境能够茁壮成长。他们非常喜欢与他人竞争。他们有一种胜者为王的心态。

○ 策略——大企业晋升者如何让自己不可被解雇

在我的富有的习惯研究中，我发现了三个与职业有关的策略，这些成功的大企业晋升者为了使自己成为雇主不可缺少的人物而使用这些策略：

1. 每日阅读，自我教育——正如我前面提到的，大企业晋升者每天至少花 30 分钟来提升和维持他们在职业和行业方面的知识水平。他们每天阅读，自我教育使他们成为最博学多识的人之一——不仅在公司里，而且在业内都是如此。

2. 写作——在我的富有的习惯研究中，38% 的大企业晋升者会进行与自己职业相关的某种形式写作，其中 18% 的人将时间用于为行业相关的杂志或博客撰文。写作是一种交流形式。因为你是在就一个特定的主题进行写作，所以相对于通过阅读了解的信息量相比，你必须对该主题有一个更全面的了解。成功人士通过多种方式从事写作活动，包括公司新闻推送、行业通信、报纸文章、行业出版物文章、互联网文章、客户通信和博客。写作帮助你在行业中得到关注，并培养你是专家的观念。你从写作中获得的知识，会提升你对雇主和客户的价值。

3. 演讲——23% 的大企业晋升者都会参加与工作有关的演讲活动，其中 12% 的人会在贸易团体或行业活动中演讲。演讲和写作一样，是一种交流形式。它要求演讲者对某一专业主题的理解水平比单纯的阅读或写作所能提供的更深刻。在演讲中，你可能会被问一些问题，这迫使你对该主题的理解达到一个更高的水平——当你是一个演讲主题的"专家"时，你必须彻底理解这个主题的内涵和外延，以便准备好准确地回答许多问题。演讲比读和写需要有更详细的研究。演讲迫使你深入挖掘并扩大你的知识库。演讲会提高你在观众眼中的专业性，这些观众可能是竞争对手的主管、客户或高管。

利用一种或多种与职业相关的自我提升策略，将使你在行业内更有价值，并成为对你的雇主和客户来说不可或缺的人。当你被认为不可或缺，你就变得不可被解雇了。

○ 共同的富有习惯

·我会养成好习惯——大企业晋升者们会对他们的好习惯和坏习惯同时做出评估。这有助于他们"认识自己"，这是让自己成为那个被成功光顾之人的关键所在。

·我会明确我的梦想——又称梦想设定。大企业晋升者会为他们想在十年或二十年后达到的位置创造一个愿景。这个愿景会成为他们的蓝图，帮助他们创造梦想的生活。

·我会每天至少投入 30 分钟进行自我教育——大企业晋升者每天都会投入 30 分钟或更多时间进行阅读学习。通常情况下，他们的阅读重点放在与公司、行业或工作直接相关的材料上。

·我会每天投入30分钟或更长时间进行锻炼——大企业晋升者每天都会进行锻炼。他们的核心运动是有氧运动，但许多人也进行举重或抗阻训练。

·我会寻求与有影响力的人建立强有力的关系——大企业晋升者将其大量的可用时间用于与公司和业内其他有影响力的人建立和维护牢固的关系。

·我会控制我的言辞和情绪——因为在攀登大公司阶梯的过程中会有很大的压力，大企业晋升者需要养成控制自己言语和情绪的富有的习惯。发脾气并说一些让自己后悔的话会很快毁掉多年来所建立的事业。

·我会围绕我的梦想创建目标——大企业晋升者会围绕他们的每一个梦想创建目标。

·我每天都会积极地思考——大企业晋升者乐观向上。这使他们能够找到问题的解决方案并克服障碍。

·我会寻找成功的导师——导师是通往成功的快速通道。导师教导大企业晋升者什么行得通，什么行不通。导师也会用他们的好习惯感染大企业晋升者。

·我永远不会放弃我的梦想——大企业晋升者不会放弃自己的梦想和目标。他们会坚守目标很多年。他们明白，在大公司里爬梯子需要很长时间，他们愿意做任何事情来攀登这个阶梯。

·我会努力达到或超越他人的期望水平——大企业晋升者会努力达到或超越其主管或那些依靠他们的人的期望水平。这有助于他们建立起对自己能力的信心。

·我不会让恐惧或怀疑阻止我实现目标和梦想——大企业晋升者

会承担别人不愿承担的风险。他们承担额外的责任，承接或领导重大项目。随着项目取得成功，他们在整个职业生涯中也会逐渐得到认可，并被提拔晋升。

·我会寻求他人的反馈——为了提高自己的工作水平，大企业晋升者会定期从同事、主管和客户那里寻求关于他们工作表现的反馈。

·我会为了向他人学习而提问——为了向组织机构内的其他人学习，大企业晋升者不怕向同事、公司、行业内的专家或自己的主管提出问题。

·别人如何待我，我会去训练他们——大企业晋升者明白，真正的领导是受人尊敬的。这种尊敬通常必须是自己赢得的，但同时也必须是坚决要求他人尊重自己而得到的。

第 27 节

途径三 专业大师之路

当你是一名专业大师时,这意味着你是你所在行业或领域中顶级专家的一员。这种专长可以是知识型,也可以是技能型。专业大师因其专业性而获得高额报酬。这种高溢价意味着他们能够比非专业大师的同行赚到更多的钱。

○ 要求

· 巨大投资——成为一名专业大师需要在时间上,而且经常还需要在金钱上进行巨大的投资。知识型大师要花许多年时间不断学习。通常情况下,这需要接受正规教育,如高级学位(博士学位、医学学位、法律学位等)。技能型大师投入多年时间刻意练习和分析实践。刻意练习需要数千小时的时间来夯实你的技能。分析实践需要教练、导师或专家来提供即时反馈。在大多数情况下，获得这种反馈需要花钱。

·长时间工作——像梦想家和晋升者一样，专业型大师必须长时间工作，不仅为了完善他们的知识或技能，还为了维护和使用它们。专业大师凤毛麟角，因此对他们的需求量很大。这种高需求也意味着大师要花很多时间为他人服务、满足别人的需求以换取金钱。

○ 知识型大师的性格特征

·信奉正规教育——像大企业晋升者一样，知识型大师至少有一个大学学位。大多数人有一个或多个高级学位，如硕士学位、博士学位。

·信奉自我教育——专业大师每天花1小时或更多时间进行自我教育。他们阅读行业相关的期刊、博客和书籍。他们对自己行业和工作领域的东西保持着强烈的兴趣。

·低压力耐受性——知识型大师的压力容忍度很低。他们更喜欢安稳、平和和宁静，以便发挥他们的最佳水平。

·内向——大多数专业大师在独自工作或"与世隔绝"时最快乐。他们不喜欢社交，因为他们认为那是对时间的浪费。他们不喜欢在大大小小的团体中发言，但往往又必须参与这种活动，因为别人会主动寻求他们的知识和专业意见。

·注意力高度集中——知识型大师天生就有或后天会培养起来高度集中的注意力。他们可以一次投入相当长的时间进行注意力高度集中的研究和分析。他们的大脑也训练有素。

·非竞争性——大多数知识型大师不太喜欢竞争。

○ 技能型大师的性格特征

・信奉正规教育——某些技能型大师，如外科医生、工程师和科学家通常拥有高级学位。大多数人拥有一个或多个高级学位，如硕士学位、博士学位。

・信奉日常练习——技能型大师每天练习3到4小时。他们会进行两种不同类型的练习：

1. 刻意练习——反复练习他们的技能或更细化的技能，以提高或保持这些技能水平。

2. 分析性练习——在教练或导师的监督下练习，他们会根据其表现情况提供详细的反馈。

・较高的压力容忍度——由于他们的成功取决于他们的技能表现，技能型大师对压力具有天生的或培养起来的较高容忍度。事实上，许多技能型大师在压力下茁壮成长，这意味着他们在压力下的表现会有所提高。

・内在天赋——许多技能型大师天生就具有一种或多种独特才华，他们在生命早期就发现了这些天赋，并通过每天练习将生命致力于这些才能的完善中。最成功的技能型大师都具有一些天生自带的才华，而且会在自己的职业中使用这些才华。

・高度集中的注意力——技能型大师由于具有高度集中的注意力，能够长时间地练习。他们的头脑都训练有素。

・高度的竞争性——技能型大师在竞争激烈的环境中茁壮成长。他们有一种胜者为王的心态。

・富有创造性——技能型大师具有创意。这使他们能够发展出新的或独特的技能。

○ 共同的富有习惯

・我会明确自己的梦想,并围绕每个梦想创建目标(梦想设定)——专业大师会有一个计划。他们知道自己在未来 10 年、20 年内想要达到的目标。因为他们对自己的发展方向有清晰的认识,所以他们愿意勤奋努力,养成不断成长的习惯,以帮助他们在知识或技能方面自然地不断提升。

・我每天都会花时间进行自我提升——知识型大师每天至少花 2 小时进行自我教育,以维护和增长自己的知识库。技能型大师每天花 3 到 4 小时进行深度思考以及分析性练习。

・我会将部分收入存起来并进行投资——与储蓄者 - 投资者一样,大多数知识型大师养成了将净收入的 20% 或更多持续存起来的富有的习惯。这使他们能够在多年内审慎地投资他们的积蓄。

・我每天都会对我的目标采取行动——专业大师的目标包括每日学习或练习。他们有所追求的具体目标,这些目标会让他们对自己所做的事变得拥有更多知识或更专业。

・我会每天处于生活适度的状态——知识型大师的生活方式相当简朴,这使他们能够储蓄和投资。

・我会做我喜欢或热爱的工作——仅次于梦想家 - 企业家的专业大师喜欢或热爱他们所从事的工作,尤其是技能型大师。

- 我永远不会放弃梦想——专业大师需要很多年才能成为他们领域的专家。这需要坚持不懈和永不放弃的心态。
- 我会寻找成功的导师——专业大师通常有自己的成功导师或专家、教练为其提供指导和反馈来帮助他们。
- 我会专注于我的目标和梦想——走专业大师之路需要具备持续多年每天长时间专注于做一件事的能力。专业大师具有想要专注于自己目标和梦想的强烈愿望，不允许自己因为任何会干扰他们的东西而分心。
- 我会通过写作维护和扩大我的知识库——许多专业大师为行业贸易杂志或出版物撰稿。有些人还在博客和媒体上分享他们的知识。这有助于提升他们的个人品牌力和专业大师的地位。
- 我会通过演讲来维持和扩大我的知识库——许多专业大师都是专业的演讲者。他们每年会在会议和行业相关活动中与成千上万的人分享他们的专业知识。这有助于提升他们的个人品牌和专业大师的地位。
- 我会每天投入30分钟或更多的时间锻炼身体——大多数技能型大师每天都进行锻炼，以保持体力和健康水平，这让他们能够以最佳状态发挥他们的技能。
- 我每天都会控制自己的言辞和情绪——专业大师明白，为了有效地与他人——包括客户或顾客合作，他们必须控制自己的情绪。没有人愿意与那些爱发脾气、情绪不稳定的人一起工作或做生意。
- 我会努力达到或超越他人的期望值——专业大师之所以是大师，是因为他们渴望在所从事的工作领域中成为最好的那一个。达到或超越他人期望水平的愿望促使他们在知识和技能方面不断成长和提高。
- 我会寻求他人的反馈——专业大师会从主管、导师、客户和其他人那里寻求反馈，以便在工作中做得更好。

·我会为了向他人学习而提出问题——专业大师会提出很多问题。他们这样做是为了学习、成长和提高。

·我会努力为他人增加价值——专业大师在其行业内收入最高的原因，是他们希望为所服务的人们的生活提高价值。

第 28 节

途径四 梦想家 – 企业家之路

追求梦想可能是你做过的最有价值的事情,不仅是对个人成就感而言,而且在财务方面取得成功也是如此。在我的研究中,梦想家 – 企业家们热爱他们所从事的事业,这种激情在他们的银行账户中体现出来。这群白手起家的百万富翁的平均净资产为 740 万美元,远远超过我研究中的其他百万富翁群体。但是,获取这种较高的财富是有代价的。

○ 要求

· 工作时间长——在我的研究中,梦想家 – 企业家持续多年平均每周工作 61 小时,这种工作时间尤其出现在他们创业早期。周末和假期都很少。这种漫长的工作时间会影响梦想家身边的每个人。家人和朋友因他们的缺席受到的影响最大。通常情况下，配偶必须承担起责任，抚养孩子，就像他们是单亲家庭一样。由于长时间的工作，亲密的朋友也会逐渐变得疏远。

・经济压力——在他们的梦想开始得到回报之前，维持生计的状态会带来几乎无法忍受的压力。只有强者才能在这种压力中幸存下来——这包括配偶。在创业早期，几乎不可能获得稳定的工资收入。脆弱的婚姻由于这种压力几乎肯定会破裂。

・高风险——梦想家们必须把他们的一切都押上。他们的房子、养老金和积蓄成为为梦想注入活力的资产。当梦想家的资产耗尽时，他们别无选择，只能求助于债务，以继续为实现他们的梦想提供资金。幸运的人能够争取到信贷来维持他们的生活。不幸的人不得不依靠刷信用卡或家人和朋友的贷款来生存，直到他们飞黄腾达（如果最终能够飞黄腾达的话）。追求梦想是一场豪赌。没有人能够保证这个梦想会实现。失败的人很多。事实上，在我的富有的习惯研究中，27%的人至少失败过一次。失败可能意味着破产。有时，破产会导致离婚。

○ 性格特征

・较高的风险容忍度——企业家愿意承担大多数人都会逃避的风险。他们通过承担经过衡量的风险，也就是经过深思熟虑的风险来培养这种无畏精神。他们也是在成功度过之前的风险后才发展出这种无惧风险的能力。克服风险不仅给他们带来宝贵的知识和洞察力，让他们知道什么有效，什么无效，而且增强了他们的自信心。

·高度竞争性——企业家在激烈的竞争中蓬勃发展。他们有一种胜者为王的心态。

·较高的抗压能力——企业家有一种与生俱来的高度娴熟的抗压能力。

·强烈的职业道德——企业家愿意在具有压迫性的工作时间内工作，以努力实现他们的梦想。他们愿意为公司业务经常出差，这使他们离开家人和朋友。他们把工作看得比家人和朋友更重要。对企业家来说，工作是第一位的。

·优秀的多任务处理者——他们具有天生的或后天培养起来的能力，可以同时处理许多事情。他们非常擅长从一项任务切换到另一项任务，几乎是无缝衔接。

·具有创造力——企业家具有高度的创造力。这种创造力使他们能够解决许多问题，克服许多障碍。

○ 共同的富有习惯

·我会养成成功的习惯——一般而言，企业家被迫养成好习惯。他们的梦想和目标迫使他们养成特定的习惯，使他们能够成长、保持健康、建立关系并获得帮助他们成功的知识或技能。

·我会与有影响力的人建立强有力的关系——企业家比其他任何类别的白手起家的白力富翁都要花更多时间来建立和维护与有影响力的人的关系。对企业家来说，权力关系是他们的货币。建立和维护权力关系仅次于坚持不懈，是他们成功的主要因素之一。

·我会设定梦想——在他们成为富人之前，企业家很早就规划了一个清晰的愿景并追随这一目标。通过这个愿景，他们不懈地追求成功。他们的愿景给了他们激情和毅力，让他们在遇到困难的时候继续前进，特别是在创业的早期阶段，这种情况经常发生。

·我会做我喜欢的工作——大多数企业家之所以成为企业家，是因为他们在追求他们所热爱的梦想。因为他们热爱自己的工作，所以他们愿意为实现自己的梦想和目标而不惜去地狱走一趟。

·我会养成每日目标习惯——企业家们每天都在追逐他们的目标。对这些目标的追求是每日优先事项清单的一部分。他们不断地调整自己的目标，因为他们面对的是难以预料的问题、错误、失败和障碍。

·我会养成良好的健康习惯——在我的富有的习惯研究中，大多数企业家都是狂热的运动者。他们明白，运动，尤其是有氧运动，有助于提高他们的大脑性能和他们的能量水平，让他们能够度过那些漫长的工作时间。

·我会保持积极的心态——比起任何类别的白手起家的百万富翁，企业家的成功更依赖于他们积极的精神面貌。他们乐观、永不放弃的态度使他们能够：经受住创业的过山车之旅，找到解决问题的办法，看到其他人看不到的机会。

·我会控制我的言语和情绪——因为创业过程如坐过山车一样，他们必须能够完全控制自己的情绪。他们不能失去冷静或变得消沉——这种事情会很快让他们倒下，特别是在他们旅程的早期阶段。

·我永远不会放弃梦想——成功的企业家之所以成功，是因为无论这段旅程变得多么艰难，他们都拒绝放弃自己的梦想。

·我会建立积极的信念并消除消极的信念——企业家会消除他们可能有的任何消极的、限制性的信念，并建立积极的信念。他们明白，消极的信念就像成功路上的"停止"标志牌，如果要取得成功，就必须移除这些标志牌。

· 我会找到成功导师——导师是通往成功的快速通道。企业家们在自己的行业内寻找导师，帮助他们弄清楚什么行得通，什么行不通。这为他们节省了时间，更重要的是节省了金钱，而金钱往往是一种稀缺品，尤其是在创业初期。导师也会用好习惯去感染他们。

· 在追求梦想和目标的过程中，在衡量风险后，我会去冒一定的险——成功的企业家在投入任何时间或金钱之前，都有做好功课的习惯。这大大降低了他们的投资风险。

· 我会创造多种收入来源——大多数成功的企业家至少要花12年的时间将一个商业想法变成一个可盈利的业务。然后，他们利用自己的核心业务来开展其他相关的副业，从而产生自己独特的收入来源。在我的富有的习惯研究中，普通企业家有三个创收来源。多种创收渠道帮助他们增加了财富。

· 我会利用杠杆的力量来帮助我实现目标和梦想——企业家利用现有资产、现金流、他们与影响者的强大关系以及他们的品牌来帮助自己成功实现目标和梦想。

· 我不会让恐惧和怀疑阻止我为实现自己的目标和梦想采取行动——企业家养成了勇敢的习惯。虽然他们会害怕，但他们不会让恐惧阻止他们为自己的目标和梦想采取行动。尽管他们有恐惧感，但采取行动并生存下来，有助于增强他们的信心。

· 我会寻求他人的反馈——企业家通过寻求他人的反馈来学习、成长和改进。这种反馈帮助他们将事业做得更好。

· 对于我想要或需要的东西，我会提出来——为了获得自己想要或需要的东西，企业家养成了向他人寻求帮助的习惯。

·我会创建"优先事项清单"和"禁忌事项清单"——因为在我的富有的习惯研究中,企业家是所有白手起家的百万富翁中投入时间最多的,他们的时间对他们来说很宝贵。为了帮助他们管理时间,他们使用了"优先事项清单"和"禁忌事项清单",以便能专注于他们必须做的最重要的事情,从而继续前进。

·为了向他人学习,我会提出问题——企业家通过提出许多问题来提高他们的知识和技能水平。他们有一群关系密切的内部人士,他们养成了向这些人提问的习惯。这些内部人士是专家、其他企业家和其他成功人士。

·我会努力为他人的生活增加价值——当企业家能够为他人的生活增加价值时,他们就会成功。人们和组织机构愿意为他们的产品或服务付费,因为这些产品或服务通过某种方式让他们的生活变得更好了。

因此,好消息是条条道路通罗马。不管你是什么性格类型,你都可以变得富有。你只需要知道每条道路的要求是什么,根据自己的性格特征确定哪条道路适合你,最后,你需要养成与你的致富途径相关的特定的富有的习惯。

待办事项

1. 你目前在哪条致富之路上?
2. 根据你的个性特征,你最适合哪条致富之路?
3. 你目前走在正确的致富之路上吗?
4. 如果你没有走在正确的致富之路上,你打算怎么做?

第五章

聪明的理财习惯

第 29 节

引　言

当我在全国各地向高中生和大学生讲述他们需要做什么才能在生活中获得财务上的成功时，我总是以问三个问题开始我的演讲：

"有多少人想在生活中获得经济上的成功？"

"有多少人认为他们将在生活中获得经济上的成功？"

几乎每次我问前两个问题时，每个人的手都会举得很高。然后我再问神奇的第三个问题：

"有多少人在学校学过关于如何在生活中获得经济上成功的课程？"

对于这最后一个问题，没有一个人举起手来，从来没有。显然，每个学生都想成功，并认为自己会成功，但他们的父母和老师都没有教过他们如何取得成功。不仅学校里没有关于财务成功的基本原则的课程，而且在任何地方都很少有教授基本的资金管理的结构化课程，甚至没有。我们正在培养我们的孩子成为财务上的文盲和生活中的失败者。

难怪大多数人靠工资生活，这有什么奇怪的？难怪大多数人积累的债务多于资产，难怪许多人在失去工作时失去了他们的房子，难怪工业化世界中的大多数人付不起孩子的大学费用。

我在本章的目标是与你分享你需要拥有的聪明的理财习惯，让你能在人生的每个阶段进行储蓄和投资。我将介绍一些理智的消费习惯——这些习惯可以帮助你在每个阶段积累财富——以及如何使用水桶系统来谨慎地投资你的积蓄。最后，我将分享一些我希望你能避免的不良消费习惯。更准确地说，是涉及消费时不应该做的事情。

○ 你的人生阶段

每个人的一生都有一系列阶段：
- 童年阶段
- 大学阶段
- 成年劳动力阶段
- 婚姻阶段
- 家庭或事业阶段
- 空巢阶段，最后是退休阶段

你在一个阶段所犯的金钱错误会产生连锁反应，影响到一个或多个后续阶段。受先前金钱错误影响最大的阶段可能是家庭或事业阶段。这是一个你责任最大、支出也最大的阶段。养育孩子是很费钱的。如果你在进入家庭或事业阶段之前没有养成聪明的理财习惯，你会发现在这个艰难的阶段坚持存钱和投资就很难。

那些在每个阶段都犯了太多金钱错误的人,会发现自己后面永远处于追赶的状态;而那些在每个阶段都做出正确决定的人,为他们的财务独立,甚至金融财富做好了准备。

第 30 节

聪明的储蓄或投资习惯

我在富有的习惯研究中发现的一个储蓄或投资策略是我称之为"水桶系统"的东西。在水桶系统下,你将你的储蓄自动分配到三个投资水桶中:

1. 养老投资水桶——这包括401k 计划[1]、个人退休账户和其他养老计划或养老专用产品(即年金)。通常情况下,你净工资的 10% 会被分配到养老投资水桶中。

2. 非养老投资水桶——这包括经纪账户(brokerage account)和大学学费储蓄账户。通常情况下,你净工资的 7% 会被分配到非养老投资水桶中。

3. 安全网水桶——这包括一个单独的储蓄账户,用于支付意外生活事件产生的费用:失业、紧急医疗情况、孩子出生和婚礼。通常情

---

[1] 美国的一种养老保险制度。——编者注

况下,你净工资的 3% 会被分配到安全网水桶中。

○ 如何使存钱过程自动化

这是你成功与否最关键的地方——实施。根据上述比例,通过从你的净工资中自动提取或从你的净工资存入的支票账户中自动提取费用,自动分配到每个水桶中。对于自动提取工资,你将需要指示支付你薪资的公司从你的净收入中为每个水桶设置自动支付程序。然后,公司将自动把每个特定储蓄水桶的金额发送到各自的保管账户。对于支票账户的提款,你需要设置一个日历系统,以提醒你将钱从支票账户转移到其中一个水桶中。

这样就行了。很简单,对吗?

"但我赚的钱不够存的。"你争辩道。

好吧,我来帮你。在接下来的这一节,我会告诉你如何削减你的开支,以便你发现你必须存下来的钱到哪里去找。

第 31 节

聪明的消费习惯

如果你花的钱和你赚的钱一样多或更多,你就永远无法存下钱。这里列出了十项能够帮你管理支出、增加存款的策略:

1. 追踪支出——我喜欢把这称为消费意识。知道你的钱去了哪里,你就可以控制你的财务状况。你可能会发现自己在为用不到的东西付费,例如俱乐部会员费或订阅费。你只需要这样坚持一年左右。这会让你清楚地了解钱的去向,并让你能够对支出做出改变。

2. 定期审计开支——许多费用会随着时间的推移而发生变化。保险费用经常变化。它们每年都可能上升或下降。你要确保你为房屋、车子和人身险所支付的保费是最低的。有线电视和上网的费用可能在你不知情的情况下增加。应该至少每隔一年给你的有线电视和互联网供应商打电话,以确保费用最低。或者研究流媒体[1]服务,来代替有线

---

1 Streaming service,通过网络传输的视频、音频、文字等媒体服务,各种长短视频、直播平台都属于流媒体。译者注

电视。由于技术的进步，流媒体正在迅速取代有线电视。定期地搜寻手机付费套餐。手机行业的竞争加剧，让每月的手机话费下降。要确保你没有支付不必要的费用。

3. 购买优质二手车——新车从经销商那里一出来就失去了价值。购买质量好的二手车，从两年或三年的租约上退下来的车，可以让你买到便宜的优质二手车。在我的富有的习惯研究中，44%的富人都有购买优质二手车的习惯。大多数汽车在开到约20万公里时都需要进行年度维修。当你坚持使用里程超过20万公里的汽车时，准备好每年支付大约1500美元的维修费。即使这样，这仍然大大低于你贷款买车或租赁新车花的费用。

4. 为你的抵押贷款和房产净值贷款再融资——你是否为你的抵押贷款支付了最低的利率？你是否有一个高利率的可以转入新的抵押贷款的房产净值贷款？你能将你的学生贷款转入你新的抵押贷款吗？

5. 使用优惠券——在我的研究中，即使是富人也有这种存钱的习惯。在我的研究中，30%的富人会使用优惠券来购买食物。为什么要在食品杂货或其他费用上支付不必要的更多的钱呢？

6. 在慈善商店买东西——许多慈善商店都有高品质的服装。你可能要找裁缝再多花几块钱，但这额外费用是非常值的。不要让你的面子来干扰你。在我的研究中，30%的富人都在慈善商店买东西。

7. 缩小你的住房规模——你的住房支出将是你支出预算中最昂贵的部分。如果你在抵押贷款或住房上的花费超过了你每月净工资的30%，那么你在住房上的花费就太多了。缩小规模，住进价格较低的房屋会让你每月都能省到钱。

8. 买便宜货——太多的人冲动消费或情绪化购物，支付的费用比他们本来需要付的多得多。这是一种不好的理财习惯。买便宜货和用好销售活动是一种聪明的理财习惯。但是，这需要耐心。买便宜货迫使你四处寻找可能的最低价格。这需要时间。

9. 坚持自带酒水——有许多餐厅不卖烈酒、啤酒或葡萄酒，老板会允许你把自己选择的酒带进他们的餐厅。餐厅对酒类销售的加价幅度高达100%，所以自带酒水可以为你省钱。

10. 分时度假——是这样的——那些出售分时度假的人为了让你加入他们的分时度假，对3到5天的度假费用进行了大幅降价折扣。你唯一要做的就是坐下来听完两三个小时的销售介绍。当然，这是个麻烦事，但它可以将你的度假成本降低50%或更多。忍受两三个小时的推销，值1000美元吗？

消费指导原则：

·住房——将每月净工资的30%或更少用于住房费用。住房费用包括抵押贷款、租金、房屋保险、房产税、水电费、维修和保养。

·食物——将每月净工资的15%或更少用于食物。食物包括食品杂货、早餐、午餐和晚餐。

·娱乐或礼品——将每月净工资收入的10%或更少用于娱乐或礼品。这一类消费包括酒吧、餐馆、电影、音乐、书籍、生日礼物、结婚礼物等。

·汽车——将每月净工资的5%或更少用于汽车开支。汽车支出包括租赁、车贷、车保、汽油、过路费、注册费、维修和保养。

·假期——将每月净工资的5%或更少用于假期。

·赌博——将0%的钱花在赌博上。赌博是一种不良的习惯，在很多国家赌博可能是违法的行为。

·衣服——将每月净工资的 5% 或更少花在衣服上。在我的研究中,很多富人有这样的富有习惯:在慈善商店或寄售商店[1]购买一些衣服。许多慈善商店以很低的折扣出售高品质的衣服。这可能需要找裁缝多花几美元,但这是超值的额外费用。

如果你觉得有必要,还可以为上述所有支出类别设置每月预算。你的预算将作为你的责任伙伴,让你保持在正轨上。实际支出金额总是与想象中有很大差异。在某些地方花的钱会让你大为震惊,而这是一件好事。控制费用支出并不是一件容易的事。但是,一旦它成为一种日常习惯,这就会变容易很多。你会进入一种模式和例行程序,这将让你能够存下来钱。

很神奇,不是吗?当你拥有了知识,它就能赋予你力量,让你改变你的生活。

---

[1] Consignment store,一种零售模式,人们将不需要的物品(可以是衣物、家居用品、艺术品、家具等)放入这样的商店,以该物品价格的折价标价,售出后能获得一部分钱,如没有卖出去,则该物品会返还给物主。——译注者

第 32 节

不良消费习惯

自我意识是一种富人习惯。缺乏自我意识是一种穷人习惯。只有通过意识，你才能克服基于神经系统的、本能的花钱冲动。自我意识让导致大多数人无意识花钱的神经网络固定线路短路。在我的富有的习惯研究中，我发现了某些无意识消费的不良消费习惯阻碍了个人积累财富。

○ 欲望消费

欲望消费者在他们的欲望上花的钱比他们赚的钱多。他们屈服于即时满足，放弃储蓄，以购买他们现在就想要的东西：60英寸[1]的电视、美好的假期、昂贵的汽车、更大的房子和珠宝。欲望消费者经常

---

[1] 1英寸等于2.54厘米。——编者注

把他们收入的一部分用来赌博。他们还在酒吧和餐厅花费过多的钱。更糟糕的是，他们为了维持自己的生活水平而举债。欲望消费者制造了自己的贫困。他们对花自己的钱不加节制。他们已经被广告商和消费主义社会洗脑而购买自己不需要的东西。当欲望消费者因年老而不再能够工作时，他们的余生就会在赤贫中度过。他们开始依赖自己的孩子、其他家庭成员、朋友、政府或他人的善举。

○ 情绪驱动的冲动消费

当你允许情绪影响你的消费决定时，你可能就会陷入情绪化消费的陷阱。当你对自己的未来收入感到过分乐观时，你可能就会陷入花掉自己现在已有的钱或估计自己今后能得到的未来的钱的陷阱，陷入信用卡债务。当你感到悲伤或压抑时，情绪化消费可以像暂时的救命稻草一样，让你暂时摆脱悲伤。这里，解决办法就是对你的情绪保持警觉。要像斯波克[1]一样——控制你的情绪。这要求你的前额叶皮层保持对你大脑的控制。

○ 决策疲劳消费

每个人都有大约 3 小时的意志力能量。在一夜好眠之后，意志力

---

[1] Spock，美国系列电影《星际迷航》的主角之一，具有习惯逻辑思考、压制情感的个性特征。——译者注

能量是最高的。当意志力能量高时，你的前额叶皮层完全控制你的大脑。当意志力低下时，你会失去对消费的约束。这就是超市把产品放在排队等待结账的地方的原因。他们知道你已经耗尽了你储备的意志力，而且你正在忍受决策疲劳。他们希望你在这虚弱的状态下会不自觉地去购买。这一解决措施是在一夜睡眠醒来后，小睡后或在吃一顿简餐后立即购物。这三件事可以恢复你的意志力储备。

○ 生活方式蠕变

当你增加支出以匹配你更高的收入时，你就成了生活方式蠕变的受害者。生活方式蠕变通常是渐进式的。当你的收入增加时，你会无意识地逐渐增加你的支出。解决措施是固定你的储蓄率。例如，始终存入收入的 20%。这可以起到缓冲作用，防止你花费过多，让你走在财富增长的轨道上。

○ 追求奢华生活

康纳·麦格雷戈在与梅威瑟比赛时，得到了 3000 万美元的担保金。收到担保金后，他购买了一艘 1700 万美元的游艇。因为他的担保金中剩下的钱不足以支付他的所得税，他不得不从现有的财富中提取资金来支付税款。

追求奢华生活的背后是过度的乐观主义、收入或财富的突然增加

255

例如大额奖金、大幅加薪、继承遗产等。解决措施？同样的房子，同样的配偶，同样的车。当你的收入或财富大幅增加时，不要去升级你的生活。制订一个计划并坚持下去。

待办事项

1. 列出你目前拥有的明智的理财习惯。
2. 列出你目前拥有的不良消费习惯。

第六章

富有的思维

第 33 节

富人如何思考

你每天的行为背后是你习惯性的想法。

那些成功并变得富有的人都明白这一点。因此，在他们做任何事情之前，他们都会解决自己的思维方式。

○ 积极的心态特点

拥有积极心态是你做任何事都能成功的先决条件。那些具有积极心态的人具有的特质：

- 他们很乐观——他们期待积极的结果
- 他们热情洋溢
- 他们不屈不挠
- 他们有好奇心

- 他们不受意识形态的束缚
- 他们思想开放
- 他们寻找解决方案
- 他们到处都能看到机会
- 他们相信自己——他们有一种"能做好"的态度
- 他们信任那些与之建立了强大关系的人
- 他们周围有其他积极、向上、乐观的人
- 他们自力更生
- 他们敞开怀抱迎接更多的责任
- 他们看起来总是很快乐
- 他们喜欢所做的赚钱之事
- 他们对自己有信心
- 他们是团队合作者——他们喜欢与他人合作
- 他们无所畏惧
- 他们从错误和失败中迅速恢复——他们不会让错误或失败在精神上拖得太久
- 他们每天锻炼身体
- 他们饮食健康
- 他们活在当下——他们养成了陪伴家人和朋友的习惯
- 他们善于交际
- 他们真诚
- 他们对他人感兴趣
- 他们善解人意——他们关心他人,关心他人的感受
- 他们能控制自己的情绪

○ 成长习惯

成功的富人通过培养某些日常习惯，使自己不断成长和进步，从而自动获得成功。

・他们每天追求知识——那些成功的人每天用 30 分钟或更多的时间来获取新知识。他们阅读其他成功人士的传记。他们阅读与他们的行业、领域或他们正在追求的一些梦想有关的文章。他们每天都在学习，以便更熟悉自己所处的领域。他们聘请教练来帮助他们提高。他们在自己缺乏知识或能力的领域聘请专家。他们从别人那里寻求反馈。

・他们保持开放的心态——那些成功的人能够摆脱意识形态的束缚。意识形态的束缚限制了你的成长能力。因此，你要对新的想法和观点总是保持开放态度。

・他们有好奇心——那些成功的人对生活有一种孩子般的好奇心。这种好奇心将他们带入兔子洞[1]，帮助他们更好地了解各种事情。

・他们坚持不懈地练习——那些在以技能为基础的职业中取得成功的人，多年来每天至少投入 2 小时，进行刻意练习和分析性实践。

・他们追求梦想和目标——那些成功的人，相信他们可以做成任何他们想做的事情。他们追逐自己的梦想，并围绕每个梦想建立目标。追求梦想和目标迫使你养成有助于你成长和进步的日常习惯。

・他们在投资前做足功课——那些成功的人，在涉及投资时都会做

---

[1] rabbit holes，源于《爱丽丝梦游仙境》，爱丽丝掉入兔子洞之后开始了她的奇幻之旅。比喻进入一系列出其不意的新奇的状况。——译者注

足功课。做功课意味着了解有关一项潜在投资的一切信息。因为他们做了功课,所以他们实际上减少了投资相关的风险(称为学习风险或经过衡量的风险)。通过尽可能降低风险,他们在任何需要投入时间和金钱的事情上都增加了成功的概率。

·他们寻找导师——导师通过教你什么有效、什么无效来帮助你快速取得成功。导师还用自己的成长或成功习惯感染你。

○ 避免消极

成功和富裕的人通过最大限度地减少接触消极负面的东西来保持他们思维的积极性。以下是他们做到这一点的一些方法。

·避免阅读太多的负面新闻。危言耸听或夸张的标题能够让新闻大卖。因此,许多媒体记者都专注于报道偏于负面的故事,这样他们可以获得更多的读者,从而获得更多的广告收入。

·专注于积极乐观的新闻。这将抑制消极情绪,在你的杏仁核内增强积极性,杏仁核是大脑的边缘部分,负责监督各种情绪。

·听欢快的音乐。音乐可以安抚野蛮的野兽,减少压力并使心灵平静。它还能促进多巴胺的释放,多巴胺是我们大脑喜欢的幸福神经递质之一。

·阅读启发人心的书籍。正面向上的书籍有助于使你保持积极的心态,它们可以使你振作起来,激励你。

·与积极向上的人交往。这一点说起来容易做起来难,特别是如果身边的家人和朋友都是悲观主义者。但是,只要增加一个乐观的朋友，就可以减轻你消极负面的家人和朋友对你的影响。

·冥想。我不擅长这个。它对我不起作用。但是科学很清楚：冥想可以减少压力，使心灵平静。

·锻炼身体。有氧运动可以促进多巴胺和某些激素的释放，如BDNF，它可以增加神经元周围的髓鞘，改善脑细胞健康和大脑性能。内啡肽在长时间——通常指1小时或更长时间——的有氧活动中会被触发。

·每天表达感激之情。开始关注你所拥有的东西，忽略你所缺乏的东西。就像嫉妒是通往消极的大门一样，感恩是通往积极的大门。

○ 日常思考的习惯

在我的"富有的习惯研究"的发现中，一个突出的现象就是思考对于白手起家的百万富翁是多么重要。我追踪记录了这些百万富翁经常（甚至每天）进行的10种不同类型的思考习惯。从我的研究中可以看出，思考是他们成功的基础。当白手起家的百万富翁思考时，他们是独立进行的，与外界隔绝。大多数人在早上进行日常习惯性的思考，有些人是在开车通勤路上，有些人是在洗澡的时候，还有一些人是在晚上。但是，早晨似乎是最主要的时间段。通常情况下，这些白手起家的百万富翁一醒来就会找一个安静的地方，思考15到30分钟。他们在想什么呢？嗯，他们想了很多事情，当他们想问题时，他们以一种大多数人称之为头脑风暴的方式思考。他们每天都花时间与自己一起对许多事情进行头脑风暴。我能够将这些头脑风暴归纳为10个核心的"富人思维"类别。就是下面这些：

1. 事业

我怎样做才能赚更多的钱？

我怎样才能提高我对客户或雇主的价值？

为了获得更多的专业知识，我需要做什么？

我需要哪些额外的技能？

我应该多读些什么东西？

我喜欢我的工作吗？

我喜欢做什么？

做我喜欢做的事能挣钱吗？

我应该转行吗？

我应该多工作还是少工作？

我足够努力吗？

我是否懒惰？

我真正擅长的是什么？

我到底不擅长什么？

我的工作让我快乐吗？

2. 财务状况

我花的钱太多了吗？

我存的钱够了吗？

我是否有足够的钱来退休养老？

我需要存多少钱才能退休？

我有足够的钱供我的孩子上大学吗？

我每个月实际花了多少钱？

我应该制订预算吗？

我应该修改我的预算吗？
我在投资方面做得好吗？
我的配偶在投资我们的钱方面做得很好吗？
我是否缴了太多的税？
我有足够的人寿保险吗？
我是否应该为我的孩子设立一个信托账户？

3. 家庭
我是否有足够的时间陪伴家人？
我能否减少工作，花更多时间陪伴家人？
我们是否宠坏了我们的孩子？
我们是否对孩子太苛刻了？
我今年能不能带着家人去度假？
为了帮助孩子们取得成功，我们做得够不够？
我怎样才能改善我与配偶、孩子的关系？

4. 朋友
我是否有足够多的朋友？
与朋友相处，我花的时间够多吗？
为什么我的朋友不多？
我怎样才能交到更多的朋友？
我的工作是否过多地干扰了我的社交生活？
我给朋友打的电话够不够？
我应该每隔多长时间与朋友保持联系？
我有一段时间没有和谁说话了？
我有好朋友吗？

我怎样才能结束与某某的友谊？

我应该在经济上帮助我的朋友吗？

5. 商业关系

我可以做些什么来改善我的商业关系？

我与我的关键客户保持足够的联系了吗？

我怎样才能发展与某某的业务关系？

我应该在哪些业务关系上花更多的时间，哪些关系我应该抽离？

我的客户喜欢我吗？

他们认为我的工作做得好吗？

6. 健康

我的运动量够吗？

我应该减掉更多的体重吗？

我是否吃得太多？

我吃得健康吗？

我应该去做体检吗？

我应该服用维生素或补充剂吗？

我是否应该安排结肠镜检查？

我的动脉堵塞了吗？

我有足够的睡眠时间吗？

我是否喝酒喝得太多？

我怎么做才能戒烟？

我怎样才能减少食用垃圾食品，多吃蔬菜？

7. 梦想设定与目标设定

大多数的头脑风暴都有关他们的个人、财务、家庭和事业的梦想和目标，包括在海滩上退休养老、买船、扩大业务、购买度假屋等梦想。

我对未来的梦想和目标是什么？

我需要做什么才能实现我的梦想和目标？

8. 问题

在这里，他们主要是为那些目前给他们带来最大压力的问题寻找解决方案。大多数是与他们的工作和家庭直接相关的问题。有些是远期的，与预防一些他们预计未来会出现的某些潜在问题有关，最常见的是与他们的职业有关的问题。

9. 慈善

他们也试图确保自己回报社会，所以他们问自己：

我还能参与哪些慈善活动？

我为我的教会、商业团体、犹太教堂等做得够多吗？

我怎样才能最好地帮助我的社区？

我可以做什么来帮助我的文法学校、高中、大学等？

我应该设立一个奖学金吗？

我应该为我的学校或教会捐献更多的钱吗？

我能帮助谁？

10. 幸福

我快乐吗？

在我的生活中，是什么导致我不快乐？

我怎样才能消除那些使我不快乐的事情？

我的配偶幸福吗？

我的孩子快乐吗？

我的员工快乐吗？
我怎样才能使自己更快乐？
幸福是什么？
我是否会幸福？
是什么让我如此快乐？

我知道，思考的问题有点多。但一年中有很多天可以与自己进行头脑风暴。你只需要把它变成一个日常习惯。随着时间的推移，你最终会想出解决最紧迫问题的办法。你会深入了解是什么让你去做一件事。有计划的日常思考会帮你找到生活的意义。养成每天思考的习惯是白手起家的百万富翁会做的事。这是成功的重要组成部分。了解他们为什么这样做，不如了解到他们确实在这样做。每一天都是如此。

○ 积极的信念

你的信念可以创造财富，也可以制造贫穷。如果你相信自己很聪明，你就聪明。如果你相信自己愚蠢，你就愚蠢。如果你相信你的生活你做主，你就是自己生活的主人。如果你相信生活很艰辛，你的生活就艰辛。我们所相信的事决定了我们在生活中成为什么样的人。

我们的信念深藏在我们的潜意识里。潜意识控制着你的自主神经系统，它指导你的行为，储存了你的习惯。它是我们情绪的所在地，也是存放你信念的仓库。你的信念很可能是在童年时期形成的，它们可能来自你身边的父母、兄弟姐妹、同学、老师或朋友。如果这些信念富于建设性，它们将引导你走向幸福和繁荣。如果这些信念具有破坏性，它们将引导你创造一个痛苦的、贫穷的生活。

白手起家的百万富翁的积极信念：
· 财富是好的，贫穷是不好的。
· 富有的人可以是善良、勤劳、慈善的人。
· 你可以在生活中成为任何你想成为的人。
· 努力工作创造好运。
· 知识会让你在生活中取得成功。
· 我的经济状况由我决定。
· 我创造自己的运气。
· 失败和错误等于学习。
· 金钱确实能买到某些幸福。
· 梦想家改变世界。
· 目标是建设你梦想生活的施工人员。

○ 熟人法则

你在生活中与谁交往，允许谁进入你的核心圈子，将对你在生活中取得成功的能力产生或积极或消极的影响。成功的、富有的人寻找其他志同道合的人。他们养成了建立权力关系的习惯。权力关系人是指那些具有以下特点的人：

- 影响力中心
- 决策者
- 乐观、积极
- 富有
- 成功
- 注重成功
- 痴迷于自我提升

以下是我在富有的习惯研究中的一些发现，与权力关系有关：

- 88%的富人认为建立权力关系是他们获得财富的一个关键因素。只有17%的穷人为建立权力关系做出了努力。
- 67%的富人认为向那些重要的人，即其他权力关系人宣传自己，对建立自己的品牌很重要，这促进了成功。只有24%的穷人同意这一点。
- 75%的富人定期向他们的权力关系人发送表达感谢的卡片、留言或电子邮件。只有13%的穷人有这种习惯。
- 72%的富人每月志愿服务5小时或更长时间，而只有12%的穷人会这样做。许多非营利组织的董事会成员恰好是影响力中心、决策者、成功人士或有成功意识的人——权力关系人。

建立权力关系对于成功和财富的创造至关重要。但是建立这些关系需要你遵循一个流程。那么，如何寻找和建立权力关系？

1. 成为演讲者　演讲活动可能是建立权力关系最高效和有效的方式。一场演讲就能给你一次带来大量的权力关系。由于大多数人都害怕公众演讲,克服这种恐惧就能让你跟众人不一样。听你发言的每一位权力关系人都会视你为专家。

2. 加入非营利组织的董事会或委员会——你会发现许多权力关系人都在当地社区非营利组织的董事会中占有一席之地。通常,董事会成员都是成功的、富有的人,拥有非常强大的关系。通过成为非营利组织的成员,你可以获得接触这些权力关系的特殊渠道。你还得以展示自己的知识和技能。随着你们的关系变得越来越牢固,举荐你的贵人最终自己就会出现。加入非营利组织之后,你会逐渐接触到董事会里那些权力关系人的通信录。

3. 写作——写作让你在竞争中崭露头角。因为权力关系人都是贪婪的书虫,随着你所创作内容的增加,它最终会抵达这些人的眼球。你的内容——如果很好——会让权力关系人对你刮目相看。写作迫使你去真正了解你所写的主题。因此,这会提升你的专业知识,帮你成为所在领域的大师。此外补充一点,你每写一个主题,都会让你对该领域更加了解,这会让你看到之前一直存在的却看不到的机会。这种由于写作而创造的一种好运气被称为机会运气。

4. 问候电话——养成每天至少打电话给一个权力关系人的习惯,不为别的,仅仅是打个招呼问候一声。这有助于建立起关系并为机会打开大门。

5. 生日祝福电话——在权利关系人生日那天给他们打电话。生日对我们每个人都非常重要,就重要性排序上仅次于我们的名字。当你抽出时间打电话祝他生日快乐时,这就相当于向那个人表示"你对我很重要"。权力关系人会记住那些在生日那天打电话给他们的人。他们不记得那些在社交媒体网站上祝自己生日快乐的人——这对他们而言只是噪声——这样的人只是众多人中的一个，会淹没在人群里。当你通过打电话送生日祝福时，你可能成为当天唯一真正这样做的人，这样，你就脱颖而出了。过生日是一件快乐的、情绪化的事。情绪会创造最深刻的记忆。所以，你打一个生日祝福电话，就创造了一个强大而有力的美好回忆。

6. 生活大事件电话——就像生日祝福电话一样，拨打生活大事件电话会激起接电话人的强烈情绪。所以，当权力关系人或他们的家庭成员发生重要或特别的事时，打电话给他们。生活大事件包括新生儿出生、有人去世、登上报纸、获奖、健康出现问题等。

7. 早餐、午餐、晚餐或酒吧、高尔夫、网球等——定期联系你的权力关系人，邀请他们吃早餐、午餐、晚餐，在酒吧请他们喝几杯酒，请他们打一场高尔夫球或 1 小时的网球。休闲聚会是在轻松的环境中巩固你的权力关系的完美场所。

没有人能够只靠自己的力量取得成功。成功不会凭空出现。世界上最成功的人都是由其他成功人士组成的广泛而强大的网络或团队的一部分。成功人士拥有一大群权力关系人。权力关系并不是凭空出现的。它们是投入了时间和精力来发展和培养的副产品。因此，你必须每天都建立这些关系。换句话说，你需要把建立"权力关系"作为一种富有的习惯。

不是你遇到的每个人都值得你投资。你需要有所选择。最富有的人投资于乐观的、热情的、正处于或正在追求一条成功之路的人。避开消极的、"有毒"的人。如果他们是你核心圈子里的人，权力关系人会远离你，因为权力关系人会避免与消极的、"有毒"的人接触，就像他们是瘟疫一样。

记住，对富有的人来说，权力关系就像黄金一样。它们是富有的人的流通货币。

第 34 节

穷人如何思考

我在富有的习惯研究中的一个有趣的发现是，大多数出生在贫困家庭中的人都会继续处于贫困之中，这是一个可悲的事实。根据不同的研究，有 3%—7% 的穷人能够摆脱贫困，进入中产阶级或成为靠自己发家致富的百万富翁。这意味着 93%—97% 的穷人永远无法摆脱贫困。

为什么？是什么让穷人持续处于贫穷中？

○ 消极的心态特征

- 他们有悲观的人生观——他们会期待坏的结果
- 他们缺乏动力——他们感到被打倒，在生活中无法前进
- 他们缺乏好奇心

- 他们接受某些使他们贫穷的意识形态——这些被称为消极的限制性信念
- 他们找问题
- 他们对机会视而不见
- 他们缺乏自信——他们不相信自己能够提高自己在生活中的地位
- 他们有一种依赖的心态——他们期待政府或他人满足他们的需求
- 他们职业道德感很差——他们不相信自己能够成功，所以他们只做最基础的工作来保住自己的饭碗
- 他们不喜欢自己的工作
- 他们似乎永远不快乐
- 他们的生活方式不健康——他们不坚持锻炼，吃不健康的食物。他们吸毒和酗酒
- 他们不信任他人
- 他们不可信，不可靠
- 他们是规则的破坏者
- 他们的礼仪很差
- 他们对他人的感受不敏感
- 他们把成功的、富有的人看作邪恶的人
- 他们有一种权利心态——因为他们在贫困中受苦，他们认为社会欠他们的
- 他们忘恩负义
- 他们不能控制自己的情绪

○ 负面的限制性信念

你的信念很可能是在童年时期形成的。它们可能来源于你身边的父母、兄弟姐妹、同学、老师或朋友。如果这些信念富于建设性，它们将引导你走向幸福和繁荣。如果这些信念具有破坏性，它们将引导你创造一个痛苦、贫穷的生活。有哪些限制性信念使穷人陷入贫困？

·受害者心态——认为你的财务状况是由你无法控制的力量所决定的：华尔街、有意让你贫穷的富人、政府政策、经济、糟糕的学校、在糟糕的社区长大、运气不好等等。

·故步自封——思想封闭意味着你不愿意接受与自己不同的新想法、新思维方式或观点。在我的富有的习惯研究中，白手起家的百万富翁的标志之一是他们能够保持思想开放，接受新思想、新知识和新的思维方式。

·意识形态上的束缚——坚守那些让你无法走出贫困的意识形态：富人是坏人，金钱是万恶之源，穷人无法摆脱贫困，需要入学教育才能摆脱贫困，等等。抛开意识形态束缚的能力，使你能够扩展思维，让你成长和发展。

·自信心不足——认为自己不够聪明，无法学习任何新东西。我们生来都有学习的能力来获得知识或技能。让任何穷人无法学习新的知识或技能的，是认为他们没有必要的智力或才能来超越生活中的经济状况的自信。

·运气创造财富——认为财富是随机好运的副产品。这就是玩彩票的最大群体恰好是穷人群体的原因之一。

- 穷人不可能成为富人——如果你生来贫穷，你就会一直贫穷。
- 随机的坏运气造成贫困——认为贫穷是随机坏运气的副产品。
- 我不聪明。
- 我没有吸引力。
- 钱很难赚。
- 人们不喜欢我，因为我穷。
- 人们都很坏、不友善和自私。
- 我杂乱无章。
- 我缺乏自制力——我就是不像其他人那样自律。
- 我缺乏集中注意力的能力。
- 我不是一个好学生或学习者。
- 我减肥比其他人更难。
- 我永远没有足够的时间去锻炼身体。
- 富人是邪恶的。
- 穷人是好人。
- 善良、正派的人不能致富。
- 我没有时间（阅读、锻炼、学习）。
- 大多数富人的财富是继承来的。
- 金钱买不到幸福。
- 为今天而活，因为你明天可能会死。
- 穷人上天堂，富人下地狱。
- 富人道德败坏。
- 赚钱需要做太多的工作。

- 失败令人很尴尬。
- 要想发财，你必须要聪明。
- 我没有耐心。
- （变得富有、变得健康、锻炼、创业等）太难了。
- 生活太艰难了。

○ 熟人法则

穷人通常被家庭和邻居中的其他穷人所包围。思维习惯，就像其他习惯一样，会在你的社交网络中传播。因为穷人往往有消极的心态和信念，这种贫困思维被他们的环境所强化。摆脱这种贫困思维感染的唯一方法就是逃离你的环境。即使是暂时逃离，也可以通过打开穷人的思维，让他们了解非穷人群体的思维方式，从而改变他们的思维。你可以通过加入由成功人士经营的组织，如基于社区的非营利组织，来逃离你的贫困环境。大多数非营利组织是由富人资助的，这些富人往往是董事会成员。因此，加入非营利组织可以让你接触到成功的富人。

第七章

顶级领导者特质

第35节

引 言

在我的富有的习惯研究中，24%的白手起家的百万富翁是大型跨国公司的高级管理人员。换句话说，他们是所在公司的领导。

他们创造的财富中，有70%来自某种形式的股票报酬。最常见的类型有以下几种：

・限制性股票

・非限制性股票

・股票赠与

・合格激励股票期权

・非合格激励股票期权

・股票升值权

另外30%的财富是他们通过持续将工资或现金奖金存下来，然后审慎地投资这些储蓄而创造的。

在我讨论他们如何积累财富时，我注意到我研究中的"领导者"似乎都有19个共同的特质。

第 36 节

顶级领导者的
19 个共同特质

○ **特质 1——聪明**

在我的富有的习惯研究中，几乎每一个顶级领导者都表示，他们的成功有一部分归功于聪明。聪明有两种含义——一些领导者说他们拥有街头智慧，其他一些领导者说自己拥有学院智慧。还有一些说他们两者兼而有之。

有趣的是，在我研究的 49 个顶级领导者中，只有 11 个人真正知道他们根据智商打分是属于聪明的，他们的智商在 118 到 139 之间。

好消息是，智商不是静态、固定不变的。它会随着你知识的增加而提高。

○ 特质2——与有影响力的人建立牢固的关系

在我的富有的习惯研究中，冠军级的领导者所拥有的一个共同特征是他们对与影响者建立关系的痴迷。这些人可以是他们公司的其他高级管理人员，也可以是行业内其他公司的高级管理人员。

成功的领导者们常用的一些建立关系的方式如下。

问候电话、生日祝福电话和生活大事件电话

问候电话——这些是"侦察"电话。我的意思是，它们是你为了收集每个影响者的信息而打的电话。你对影响者了解得越多，你就越有机会与他们建立更牢固的联系。

生日祝福电话——这些年度电话有一个重要的作用，它们使你与影响者的关系处于"维系生命"的状态。根据我的富有的习惯研究数据，几年后，这些影响者中约有25%的人会在你的生日时给你打电话。这使双方关系"脱离了生命危险"，并为拨打问候电话及最后的生活大事件电话打开了大门。

生活大事件电话——这些是你拨打的最重要的电话。因为它们是"情感联系电话"，它们让你的影响者关系迅速推进。通过拨打"生活大事件电话"，你们的关系会迅速更深入地发展。每当你的影响者遇到或好或坏的事情时——这个时刻他们通常非常情绪化——就去拨打生命大事件电话吧。

其他建立关系的方法

·经常眼神交流,维持仅 5 秒——超过 5 秒的目光接触会让某些人感到不舒服

·谨言慎行——说出你的想法并不意味着要你分享自己所有的想法。有些想法是不合适的,可能会对你的人际关系——你投入多年时间精力建立的关系——造成不可弥补的破坏

·不要负面地去闲言碎语——永远不要批评、谴责或抱怨

·保持积极和乐观的心态

·先给予——成功的领导者都有服务他人的心态

·主动寻求帮助

○ 特质 3——勇士般的职业操守

一个典型顶级领导者会连续多年每天工作 10—12 小时或更长时间。而且通常是工作更长时间。他们的工作并不是在离开公司后就结束。下班后,许多顶级领导者会将时间投入社区或地区性或国家层面的非营利活动中。一些顶级领导者也是行业贸易组织的董事会或委员会成员,他们在那里与行业内的其他领导者一起工作。

○ 特质 4——激光般的专注力

激光般的专注力指每次长时间集中注意力的能力。它也是迅速切

换解决其他紧迫问题，将同样的激光般的专注力用来处理问题或扫除遇到的障碍或意外情况的能力。

获得激光般的专注力需要多年时间来练习。它不是你随意就能表现出来的东西。它就像肌肉一样，需要经过长时间的培养训练才能形成。

○ 特质5——富于成效的习惯

在我的富有的习惯研究中，顶级领导者养成了我所说的"富于成效的习惯"，这些习惯与他们的目标和梦想紧密联系。

顶级领导者的一些日常"富于成效的习惯"是什么？

·每日阅读与行业或工作有关的东西——阅读学习，每天30分钟或更长时间（通常是更长时间）。

·每日目标习惯——目标是你为了使你的愿景、梦想成为现实而采取的行动步骤。

·日常健康习惯——每天进行有氧运动，吃健康的、有营养的食物，有助于顶级领导者全天保持较高的能量水平，从而能够聚精会神地做事。当你疲惫的时候，你会无法集中注意力，做出错误的决定。

·建立信任的习惯——对你所管理的员工、客户和其他商业伙伴（如供应商）积极回应，能让你与之保持强有力的信任关系。始终如一地保持真实诚恳也是顶级领导者的另一个强大的建立信任的习惯。

·说"不"的习惯——时间稀缺是每个顶级领导者必须学会面对的问题。因为他们的时间非常有限，所以他们习惯于对那些不能帮助领导者和公司实现目标或梦想的人、项目或计划说"不"。

· 注重结果的习惯——结果会让成功的领导者知道什么行得通,什么行不通。顶级领导者学会了为了得到想要的结果,什么时候应该索性放弃,什么时候应该转换方向。

○ 特质6——曝光度

多走动走动有助于保持与一线员工的沟通渠道的畅通,他们能够与首席执行官分享他们遇到的、没有被直接主管及时解决的真实公司问题。

○ 特质7——积极的心态

当你沉浸在消极情绪中时,你大脑的或战或逃中心就能挟持或压倒前额叶皮层,导致其速度减慢。顶级领导者明白,积极性是所有创造力、洞察力和良好决策的起点,保持积极心态可以拓展他们的思维,打开他们的整个头脑,从而提高他们的领导能力,使他们做出正确的决定,解决问题、克服逆境。

○ 特质8——预见性

由于顶级领导者对公司的目标有非常清晰的认识,他们能够预见到未来可能出现的问题、存在的障碍和其他不利因素。

○ 特质9——清晰的愿景

顶级领导者对公司的未来有一个详细的、深思熟虑的计划，由于这个清晰的愿景，他们能够让管理层和员工都接受这个计划。这意味着组织机构中的每个人都在朝着同一个方向拉一辆车。

让一个清晰的愿景成为公司所追寻的蓝图，会让他们的努力有方向和目标。

○ 特质10——坚持不懈

"幸运之神眷顾坚持不放弃的人。"

什么是坚持？

·坚持意味着永不放弃你的梦想。

·坚持意味着每天对梦想背后的目标采取行动，无论你是否愿意。

·坚持意味着永远不向你的疑虑妥协。

·坚持意味着尽管犯了代价高昂的错误，但你仍然能坚持完成任务。成功的领导者将犯错误视为学习过程，而不是别的。

·坚持意味着你在遭受毁灭性的失败后仍能重新振作起来。成功的领导者相信，只有当你放弃时，你才会失败。

·坚持意味着不允许被人拒绝或被人忽视的情况阻止你前进的步

伐。成功的领导者在追求梦想和目标时不会情绪化。

·坚持意味着不允许因杂事而分心并转移你的注意力。

·坚持意味着不让恐惧阻止你前进。

○ 特质11——勇敢

当事情进展顺利时，我们很容易变得勇敢。但是，当事情进展不顺利时，这些严峻时刻就变成考验，会成就或摧毁一个领导者。顶级领导者不会向恐惧屈服。

○ 特质12——掌握基础性的东西

成功的领导者专注于或痴迷于基础性的东西。伟大的领导者会指导团队专注于基础性的东西，并成为这方面的大师。当你成为基础性的人师时，这意味着它们已经成为一种日常习惯。当基础性的东西成为日常习惯时，团队的每个成员都能保持高水平的工作表现。

○ 特质13——有效的沟通者

顶级领导者不会不顾员工的反应而只顾自己发表长篇大论，他们会跟员工交谈。当你对某人自说自话时，没有机会听取反馈，没有来回交流与沟通，没有彼此讨论，没有头脑风暴。这种单向对话相当于对讨论说"不"。

与人交谈可以鼓励他人提供反馈、产生内容和提出想法。

○ 特质14——异类心态

最成功的领导者都是异类——他们做事的方式与业内其他竞争者不同。他们是开拓者，不会随波逐流。

○ 特质15——在压力下保持冷静

冷静，而不是技巧，是一个成熟武士的标志。——冢原卜

顶级领导者是他们情绪的主人。他们明白，不受控制的情绪会导致决策失误。这是因为当大脑的情绪中心，即杏仁核被放大时，大脑的思考部分，即前额叶皮层就会关闭或暂时休眠。当这种情况发生时，做出逻辑决策的能力就会被情绪压制。

○ 特质16——看到别人所看不到的东西

顶级领导者会预见未来可能出现问题、解决这些问题的方法，看到机会和通往成功的其他路线。

特质 17——拥抱变化

万物皆在变,唯有变化不变。——赫拉克利特

顶级领导者有远见。他们能够看到未来五年、十年或二十年后将发生的变化。

这种"远见"不是什么与生俱来的天赋——这是努力工作的副产品。成功的领导者每天阅读 2 到 3 小时与行业相关的信息,这有助于他们维护和扩展自己的知识库。有了这些"大师级的知识",他们就能把握住行业的脉搏。

这种对变化有备无患的心态和行动使他们能够迅速地调整和应对变化,在这个过程中获得市场份额,让竞争对手付出巨大代价。

特质 18——未来领导者的导师

顶级领导者是其员工的成功导师。他们培养自己的员工成为未来成功的领导者。

特质 19——流程完美主义者

每一个领导者成功的故事背后都是被验证的流程。

所有成功的领导者都遵循一个经过验证的流程,一个通过实践检

验一直奏效的流程。

虽然组织机构的梦想以及这些梦想背后的目标很重要，但更重要的是创建一个能够实现组织机构目标和梦想的流程。

成功的领导者都痴迷于创建一些流程，将梦想和目标转化为现实。没有一个经过检验的流程，梦想和目标就无法实现。

成功的领导者专注于创建一个行之有效的流程，因为他们明白，经检验的流程会迫使团队中的每个人心往一处想，智往一处谋，劲往一处使。当组织机构中的每一个成员劲往一处使的时候，整个公司的目标就更容易实现，组织机构也更容易取得成功。

最终，这些组织机构的流程会成为组织机构习惯，这很重要，因为流程习惯使组织机构的成功自动而来，提高公司的盈利水平。

Rich Habits Wealth Academy
Copyright ©2022 by Thomas C. Corley
This edition arranged by Thomas C. Corley
Simplified Chinese edition ©2025 Beijing Goodreading Culture&Media Co.,Ltd
All rights reserved.

© 中南博集天卷文化传媒有限公司。本书版权受法律保护。未经权利人许可，任何人不得以任何方式使用本书包括正文、插图、封面、版式等任何部分内容，违者将受到法律制裁。

著作权合同登记号：字 18-2024-279

图书在版编目（CIP）数据

习惯致富 /（美）托马斯·科里著；许翾译 .
长沙：湖南科学技术出版社, 2025.8. --ISBN 978-7-5710-3329-3
Ⅰ. B842.6-49
中国国家版本馆 CIP 数据核字第 2025TT3431 号

上架建议：心理学·成功励志

XIGUAN ZHIFU
习惯致富

著　　者：	[美]托马斯·科里
译　　者：	许　翾
出 版 人：	潘晓山
责任编辑：	刘　竞
出 品 方：	好读文化
出 品 人：	姚常伟
监　　制：	毛闽峰
策划编辑：	刘　雷
特约策划：	颜若寒
特约编辑：	木东冬
营销编辑：	刘　珣
封面设计：	水玉银文化
版式设计：	三　喜
出　　版：	湖南科学技术出版社
	（湖南省长沙市芙蓉中路 416 号　邮编：410008）
网　　址：	www.hnstp.com
印　　刷：	北京美图印务有限公司
经　　销：	新华书店
开　　本：	880 mm × 1230 mm　1/32
字　　数：	224 千字
印　　张：	9.5
版　　次：	2025 年 8 月第 1 版
印　　次：	2025 年 8 月第 1 次印刷
书　　号：	ISBN 978-7-5710-3329-3
定　　价：	56.00 元

若有质量问题，请致电质量监督电话：010-59096394
团购电话：010-59320018